唐君毅與香港

趙敬邦　著

給父母、太太及女兒

序

　　過去幾年，敬邦每逢學期結束之前，總會熱心地領一班新亞書院的學生，訪農圃道新亞書院舊址，為他們介紹書院歷史並參觀圖書館。圖書館內設唐君毅先生紀念室，存放 1987 年唐師母謝方回女史捐贈的唐先生全部遺書幾千冊。多年來這批書籍一直珍藏那裡，久之，認真閱讀利用的讀者已為數不多了。

　　2020 年大疫以來，敬邦每週到此查閱唐先生藏書，分類表列，用心地鉤出書中唐先生的眉批筆記簽署等痕跡，目的在編一張較詳盡的唐先生讀書目錄，藉此讓學者深入了解唐先生學問各階段的發展歷程，這是研究唐先生哲學的中外學者所期待的訊息，很有意義的一項工作。意外的是，今天收到的書目，已擴充成一本完整的小書冊，真是可喜。

　　翻開書稿，首章開篇，作者引錄勞思光教授多年前的話，說他見證了唐先生在新亞書院的文化運動由盛而衰的過程……。作為哲人的後輩、從上世紀走過

來的老新亞人，在不同階段或經歷其境，或有所聽聞，讀之不免怵然，為之慚愧，為之感慨。定過神來一想，即就由唐先生由創立新亞到退出中文大學的這段歷史來看，三十年間由盛而衰，是我們不得不接受的事實。然而，我們能就此判定唐先生所推行的教育理想，他投入中國文化精神建設工作都完全落空了？中國文化花果飄零之後，果然如唐先生的善願：靈根自植了嗎？又何從自植……？印象中過去文教界，甚至近年對港台新儒家的批判聲中，曾出現過不少同類的疑問。

　　這本小書帶我們回顧這場發生在殖民時代香港，由民間學者自覺推動的中華文化建設運動。它廣泛蒐羅資料，依據史實，客觀陳述，呈現了唐先生篳路藍縷的艱辛與當時社會環境的關係。分析先生的教育理念，篇幅不多，而體察入微，深中肯綮。作者生動地描繪了唐先生的生活狀態，終其一生，學問追求與事業奮鬥，時刻呼喚中華文化的靈魂，念茲在茲，又隨時回應現實社會的問題。

　　據我推測，以敬邦的年紀，應不曾見過唐先生，當算是唐先生的再傳學生吧。在他嚴肅而滿懷敬意的

書寫中，我讀到一顆青年學者的心，似乎要透過唐先生的奮鬥經歷尋求啟示。世道人心萬般複雜，不論喜歡與否，客觀現實中不確定的危機變化，總要面對。現代化、全球化、能源、貧窮、戰爭、病疫、自然災難……不同的困難，新一代當如何自處，問題如何解決？對於中華文化的前景，還可以懷抱怎樣的希望？

　　所存者神，所過者化。惟有能獨立思考，持續反省，上下求索，文化的靈根生機長在。農圃道校園，錢公手植的柳樹枯死了，其他眾花草木生意盎然。那幾株經歷風雨的鳳凰老木，每到夏日，壓不住的艷紅似火，年年復年年。

劉楚華

2022 年 6 月寫於農圃道

自序 ————————————

　　本書的撰作，源於筆者一段替新亞研究所整理唐君毅先生藏書的機緣；這批藏書為何保存在新亞研究所，則喚起筆者對唐先生與香港關係的反思。因此，一切也得從筆者參與整理唐先生藏書一事說起。

　　跟唐先生「結緣」，源於就讀預科的時候。其時香港預科課程設有中國語文及文化科，唐先生的〈與青年談中國文化〉是指定課文之一。為了更好地了解作者的觀點，筆者找來收錄文章的《青年與學問》查閱。惟和絕大部分預科生一樣，筆者當時對唐先生的觀點只是似懂非懂，且由於唐先生的文風頗為奇特，暗地裡已決定考試過後將不再閱讀他的其他作品。直至預科即將畢業，某天在學校走廊巧遇向來尊重的郭志偉老師，隨便向他查詢有什麼書籍可供暑期閱讀，郭老師即拿出白紙寫上「《人生之體驗續編》唐君毅」數字。筆者當時只感奇怪，心想唐君毅的著作是否真的如此值得閱讀？之前感到其文其書難以理解，是否

只是筆者程度未夠所致？是以，遂利用暑假仔細閱讀
唐先生這一著作，終發現唐先生的觀點實極具啟發
性。自此即嘗試閱讀他一些關於人生哲理的書籍，筆
者亦從此開始喜歡唐先生其學。

　　至在香港中文大學修讀本科，由於當時筆者對西
方哲學頗為好奇，遂副修哲學以求有更多機會接觸西
哲思想。惜相關課程的上課時間與主修科相撞，為了
符合學分的要求，只好無奈選修有關儒學的課程，授
課老師則為劉國強先生。由於對中國哲學本沒太大興
趣，故對劉老師的學術背景亦不以為意。記得在第一
課時，劉老師叫同學在紙上寫下對儒學的印象，筆者
即寫上「迂腐」二字。當時劉老師不以為忤，只言希
望課程可改變一些同學對儒學的負面印象。課堂上，
劉老師談得最多的是唐君毅先生的觀點；課堂後，他
則跟同學分享唐先生的軼事。筆者其時才知劉老師原
來是唐先生的學生，而透過劉老師的一些分享，「唐
君毅」乃不再純然是一過去了的人，而是藉着如吾人
對他的懷念等方式而得以繼續存在。由於新亞書院是
香港中文大學其中一所書院，而唐先生則是新亞書院
其中一位創辦人，故筆者曾向劉老師查詢唐先生在中

大的足跡。劉老師才言唐先生的足跡主要不在中大，
而是在新亞研究所，並帶同筆者在內的數位同學到研
究所參觀。在參觀活動中，見到新亞研究所的圖書館
內有一「唐君毅先生紀念室」，內藏唐先生遺留下來
的一批書籍，惜多年來未有人對之加以整理，只能一
直存放在紀念室中。筆者當時即有幫助整理該批藏書
的衝動，但礙於能力及學歷，自問未有資格承擔這一
重要工作，故只好期待該批藏書能終有為人翻閱的一
天。但從劉老師的分享和親臨新亞研究所等經歷，已
使筆者更能認識唐先生的性情和品格，並愈益敬佩唐
先生其人。

　　距離是次參觀逾十年，筆者亦憑研究唐先生對佛
教華嚴思想的闡釋為題而從研究院畢業。適值新亞研
究所計劃成立佛學中心，筆者在因緣際會下得以敬陪
末座參與其事。殊不知開會當天，研究所所長劉楚華
教授突然詢問筆者會否有意整理唐先生的藏書。作為
唐先生著作的長期讀者和主力研究他思想的學人，能
有機會整理唐先生的藏書固然機會難逢；放在心中多
年而未有和人分享的期盼竟突然有實現的可能，更是
讓筆者感到不可思議。的確，有意整理唐先生藏書的

人士甚多，惟這一機會和責任竟落在筆者身上，現在想來還是令人難以置信。在整理藏書的過程中，筆者得對唐先生的種種更作認識，從中亦開始注意到唐先生與香港的關係實遠比學界設想的複雜。經過近三年的整理，工作終大致完成，由此乃催生這一本有關唐先生與香港的小書。

　　事實上，唐先生的學問和事業與香港有密切關係，惜他在港的歲月卻頗為寂寞。誠如其在《中華人文與當今世界補編》中自言，他只期待自己的著作能有人閱讀和了解，除此以外未有太大奢望。也許，唐先生這一卑微的願望反映了他晚年的唏噓。本書的撰作，首先是希望唐先生的在港經歷能讓更多人認識，藉以增進讀者對他思想的同情和理解；其次，則是希望透過唐先生的經歷反思香港在文化事業上扮演的角色，從而加強對香港的認同和信心。本書得以完成，首先要感謝新亞研究所劉楚華所長的信任，讓筆者可以接觸唐先生該批珍貴的藏書。筆者並感謝劉所長在百忙之中為本書作序，並容許本書使用有關藏書的照片；新亞研究所圖書館主任潘秀英博士為筆者在圖書館的工作提供了最大的方便，她對圖書館的承擔和書

籍的熱愛尤使筆者感動。潘博士早前雖驟然離世，但
筆者相信其在天之靈必定樂見本書終能順利出版；謝
浩然先生毅然幫忙為唐先生的大量藏書進行拍攝，使
筆者最終能夠順利解決有關相片的難題。除特別注明
外，本書所用照片即由謝先生提供；香港中文大學的
關子尹老師就出版事宜所提供的協助；張燦輝老師慷
慨借出唐先生手稿及其他相關文件的電子檔案，以及
林健枝老師就拍攝時需要留意的地方所作建議等，均
是本書得以順利完成的重要助力，筆者對各位師友的
幫助衷心感謝。最後，多謝家人一直以來的支持和體
諒，使筆者能繼續做自己認為有價值的事情。

趙敬邦

2022 年 7 月 25 日　香港

目 次

導言 ——————————

　　唐君毅先生（1909-1978）是近代中國其中一位
重要哲人，他的地位不但為華人學界所認同，名聲亦
遠傳至國際。[1]有評論形容唐君毅的人格和學問代表
了中國文化中最優秀的部分，[2]我們若認識他的經歷
和細味其著作，當發現以上形容可謂不無道理。由於
唐君毅的一生非常豐富，故不同人可循不同角度對之
作出分析，並從而對他作出不同評價：有論者強調唐
君毅對儒家的忠誠，認為他是當代新儒學的代表人
物；[3]有論者認為他深受西方哲學影響，可謂黑格爾

1　參考 Joseph Wu, "Contemporary Philosophers Outside the Mainland,"
　　in Donald H. Bishop ed., *Chinese Thought: An Introduction*（Delhi:
　　Motilal Banarsidass, 1985）, pp. 422-440；Xinzhong Yao, *An
　　Introduction to Confucianism*（Cambridge: Cambridge University
　　Press, 2000）, pp. 255-258.

2　查良鏞，〈中國文化的損失〉，收入唐君毅全集編輯委員會編，
　　《紀念集》（台北：台灣學生書局，1991），頁 149-150。

3　例子見吳汝鈞，《當代新儒學的深層反思與對話詮釋》（台北：

主義者；[4]亦有論者把焦點放在其性情和人格，以為
這些特質才是唐君毅最具魅力的地方。[5]此外尚有其
他角度，不一而足。誠然，各種闡釋均加深我們對唐
君毅的了解，惟有一重要角度卻偏偏為人忽視：唐君
毅是在香港建立事業和發展學問。換言之，「香港」
是吾人在討論其事業和學問時必須正視的元素。

　　的確，唐君毅的事業和學問增加了香港的文化氣
息，其多少改變此地純然是一商業社會的狀況；香港
的環境則影響唐君毅對各種事情的理解，其對於此人
如何發展他的哲學有着極大的影響。由於唐君毅與香
港的關係如此密切，故吾人若忽視香港這一地方，則
必然對唐君毅的了解有所不足；我們如忽視唐君毅這
位人物，則對香港在文化上所扮演的角色亦會缺乏正

台灣學生書局，2009），頁 1-4。

4　O. *Brière* S. J., Laurence G. Thompson trans., *Fifty Years of Chinese Philosophy 1898-1950*（London: George Allen & Unwin Ltd., 1956），p. 75.

5　Donald J. Munro, "Empathy-Comments at the Unveiling of the Statue of Tang Junyi," 收入劉笑敢編，《中國哲學與文化（第八輯）：唐君毅與中國哲學研究》（桂林：廣西師範大學出版社），頁 3-5。

解。本書即對唐君毅與香港這一重要關係作出分析，冀能一方面更助讀者了解唐君毅其人，另一方面亦更助讀者了解香港其地。

　　本書共有三章。第一章討論唐君毅在香港的文化運動。近年學界喜用「南來文人」形容一班在上世紀中葉由中國大陸逃難香港的文化人，藉以強調大陸和香港在文化上的淵源。[6]這一論調當然反映了事實的某一面向，惟卻容易輕視了這些「南來文人」之所以來港的原因。誠如唐君毅言，他所以離開中國大陸是因為未能服膺於當時在該地盛行的唯物思想，故他在香港的工作正是要提倡人文主義，從而對治時弊。唐君毅這一文化運動在近代思想史上可謂饒有意義，因其不但加強我們對傳統中國哲學特性的理解，亦幫忙塑造現代香港高等教育的面貌。本章即對這一在港的人文主義運動所涵意義作出反省。第二章介紹唐君毅在香港的足跡。唐君毅在香港生活接近三十年，其不但在此地留下了不少足印，香港的不少地方亦反過來

6　例子見趙雨樂，《近代南來文人的香港印象與國族意識》（香港：三聯，2016）。

影響唐君毅的視野。如果「南來文人」一詞意含中國大陸為香港帶來傳統文化，則香港對這些人士的影響便是為中國文化帶來了現代啟示。換言之，中國大陸和香港在文化上的關係當不僅是「南來文人」為香港帶來文化的一面，亦有着香港元素啟發中國文化的一面；彼此實是雙向的互動，而非單向的施受。本章即討論這一互動關係，以嘗試補足學界的一些既有看法。第三章評論唐君毅留在香港的一批藏書。蓋在唐君毅逝世後約十年，其夫人謝廷光女士（又名謝方回，1916-2000）把乃夫的藏書捐贈香港的新亞研究所圖書館。這批藏書一直保存在圖書館內，至近月才整理完成。當中部分藏品不但有助說明唐君毅哲學的特色，亦有助重整他在香港的故事，間接增加我們對香港的了解。本章即評論這批藏書的特色和價值。

以下，即讓我們重新翻閱唐君毅與香港的故事，以察看其對今人當有着什麼啟示。

一場在港的
文化運動

　　我在香港，看到唐先生新亞書院的儒學運動，由
盛轉衰，中間經過的情況，也是當代思想史上一個很
重要的事蹟。

　　　　──勞思光，《虛境與希望：論當代哲學與文化》[1]

一、與港結緣

　　1978 年 3 月 11 日，唐君毅先生的靈柩在數位友
人和學生的護送下，於運往台灣安葬前在九龍土瓜灣
農圃道新亞書院舊址（現新亞中學所處位置）繞場一
周並進行祭祀，藉以對新亞和香港作最後的道別。[2]
由此，一場發生在香港的文化運動亦暫告一段落。

　　唐君毅祖籍四川，他的成長、求學和工作原均在

1　勞思光，《虛境與希望：論當代哲學與文化》（香港：中文大學
　　出版社，2003），頁 96。

2　參考唐端正編撰，〈年譜〉，收入唐君毅全集編委會編，《年譜‧著
　　述年表‧先人著述》（台北：台灣學生書局，1990），頁 239。

中國大陸的不同省市，但為何其竟與當時仍為英國殖民地的香港發生連繫？這則要由 1949 年說起。唐君毅在 1909 年生於四川宜賓，年少時求學於重慶，曾於北京的中俄大學和北京大學修讀哲學，後畢業於南京的中央大學哲學系，歷任中央大學哲學系系主任和江南大學教務長等職。誠如唐君毅自況，他在兒時已有不少涉及道德反省的經驗，例如當他聽到父親說世界終有一天會毀滅的故事時便覺傷感，後來看見土地乾裂便憂慮世界即將毀滅；觀看有關孫中山（1866-1925）革命事跡的影片後，感慨有限的個人能把自身的理想投向無邊的宇宙；在發生「天狗蝕月」時，眼見人們用各種方法以圖拯救月亮而省悟人的初心為善，以及與父親離別時所感受到的悲傷等，凡此經歷均使他堅信人有仁心的存在。[3]至於他往後的思想發展亦離不開由這些涉及道德反省的經驗出發，以求進一步解釋這些經驗的實在性。因此，唐先生的成長雖值新文化運動風行中國的時代，惟他對當時流行的全

3　唐君毅，《生命存在與心靈境界（下冊）》（台北：台灣學生書局，1986），頁 466-467。

　　盤否定傳統中國文化的做法卻始終有所保留，因他認
為傳統中國文化正好能就其所親身經驗的仁心作出合
適的解釋；至於對其時甚為盛行的唯物思想更是不能
接受，因這種對人心的存在和作用抱持否定態度的思
想，實與他的個人經驗不符。[4]

　　在 1949 年初，時廣州華僑大學校長王淑陶
（1906-1991）邀請錢穆（1895-1990）與唐君毅兩位
到廣州講學，二人乃於同年 4 月由內陸遷往廣州；又
由於中國共產黨有席捲全國以致政局未明之勢，兩人
遂於 6 月 7 日晚乘船逃至香港。[5]唐君毅雖曾在同年 8
月下旬短暫返回廣州以圖辦學，但 9 月上旬即再次回
港。[6]自此，其一生便未有重回中國大陸，而他與香
港亦展開了一段不解之緣：香港自由的環境成就了唐

4　唐君毅，《中華人文與當今世界補編（上）》（台北：台灣學生書
　　局，2014），頁 370-391。

5　當時與錢、唐兩位先生一起由廣州乘船來港的，還包括曾留學
　　英、美，並於後來成為新亞書院義務法律顧問的趙冰（1890-
　　1964）。見薛仁明編，《天下事，猶未晚：胡蘭成致唐君毅書八
　　十七封》（台北：爾雅，2011），頁 252。

6　唐端正編撰，〈年譜〉，頁 69-70。

君毅的學問和事業，一如他的夫人謝廷光女士憶述：
「如果 1949 年不是王淑陶先生多次邀請錢先生和唐
先生來廣州華僑大學任教，唐先生也不一定來到香
港，也不一定有這麼多的著述，也要感謝王先生，也
像冥冥中有天意。」；[7]唐君毅的學問和事業則豐富了
香港的文化面貌，余英時（1930-2021）在晚年便言：
「1949 年到今天，整整六十年來香港的文化面貌所起
的重大的變化，而這個變化裡面一個最重要的因素就
是唐君毅先生。」[8]正是唐君毅與香港的關係如此密

7　引述自劉國強老師回憶謝廷光的言論。見劉國強，〈懷念唐師
　　母〉，收入劉國強、譚志基、梁琰倫編，《懿範千秋：唐君毅夫
　　人謝廷光女史遺稿暨紀念集》（香港：中文大學新亞書院，
　　2002），頁 188-191，引文見頁 189。另見謝廷光，〈十九周年紀
　　念〉，《毅圃》第 8 期（12 ／ 1996）：19-20。值得注意者，是華
　　僑大學當時在香港亦設有華僑工商學院，校長亦由王淑陶兼任。
　　華僑工商學院於 1956 年與廣僑書院、光夏學院、文化專科學校
　　和平正會計專科學校合組成聯合書院，後者日後與由唐君毅等所
　　創辦的新亞書院共同成為香港中文大學的創校書院之一。在這一
　　意義下，新亞書院和聯合書院實有一段曲折和難得的因緣。有關
　　聯合書院成立的歷史，見吳倫霓霞編，《明德新民：聯合書院四
　　十年》（香港：香港中文大學聯合書院，1996），頁 1-20。
8　余英時，〈唐君毅先生銅像揭幕儀式致辭〉，收入劉笑敢編，《中

切，故吳俊升（1901-2000）有言：「唐教授形骸與香
港永別了。但是唐先生的學術文章，言論風範，以及
人格典型，將永留香港，也就是說唐先生的精神，將
永與香港同在。」[9]

　　事實上，由唐君毅認為當時仍為英國殖民地的香
港在本質上即有一原罪，[10]故他在未到香港前心中根
本沒有此地的存在，[11]認為留港只是流亡，討論中國
學問應在大陸或台灣，[12]明言其在香港並沒有根，[13]
而他們一眾流亡香港的學人所關心的亦非香港而是中

國哲學與文化（第六輯）：簡帛文獻與新啟示》（桂林：廣西師
範大學出版社，2009），頁 1-2，引文見頁 2。

9　吳俊升，〈唐君毅教授與香港告別了〉，收入唐君毅全集編輯委
　　員會編，《紀念集》（台北：台灣學生書局，1991），頁 51-55，
　　尤見頁 54。

10　唐君毅，《中華人文與當今世界（下）》（台北：台灣學生書局，
　　1988），頁 278。

11　唐君毅，《說中華民族之花果飄零》（台北：三民書局，2002），
　　頁 97。

12　唐君毅，《中華人文與當今世界補編（上）》，頁 527。

13　唐君毅，《青年與學問》（台北：三民書局，1992），頁 134。

國；[14]到後來告誡年青學生不要如前人一樣只把香港視為客居之地，而應該用所學知識以求香港社會的進步；[15]再到晚年認為自己之得以來港或是天意仍希望為中國留下一些文化種子，[16]坦言若沒有香港則恐怕連這點希望也告熄滅，[17]甚至認為香港是為中國指引出路的燈塔，[18]足見唐先生對香港的感情實非常複雜，其對香港的印象亦隨他居港時日的增加而有所改變，以致對香港在人類文化中所能起的作用亦由原初的輕視轉變為抱有極大的期望。由於唐君毅與香港的關係如此特殊，我們乃有把他在香港的事跡作一整理的必要：他的文化事業究竟反映什麼思想？他在香港有着什麼不平凡的經歷？這些思想和經歷對香港又有什麼意義？本章即圍繞這些問題作出討論。

14　唐君毅，《中華人文與當今世界（下）》，頁 231-232。

15　唐君毅，《中華人文與當今世界補編（上）》，頁 452-453。

16　引述自謝廷光，〈憶先夫唐君毅先生〉，收入《紀念集》，頁 568-615，尤見頁 594。

17　唐君毅，《中華人文與當今世界補編（下）》，頁 528。

18　唐君毅，《說中華民族之花果飄零》，頁 93-95。

二、人文主義的倡議

　　要了解唐君毅的事業有何價值，我們首先要明白
他的思想特色，因為他的事業實為其個人思想的一個
實踐。現今學界多視唐君毅為哲學家或「當代新儒
家」，[19]吾人若考慮到他所關心的問題、立論的嚴密
和重視儒學的程度等因素，以上稱謂可說不無道理；
惟唐君毅明言儒學的任務是教導我們做人，故其性質
可說是一種「人學」：[20]把儒學視作哲學，容易使之
成為人們客觀的研究對象，以致有把儒學僅視為一種
理論甚至是戲論的風險；了解到儒學當為「人學」，
則知儒學乃建基於一己的實存感受，其目的是要教導
吾人發揮人的價值，藉以使我們變化氣質，並助社會
移風易俗。[21]唐君毅的在港事業即是在此地提倡「人

19　例子見吳汝鈞，《當代新儒學的深層反思與對話詮釋》（台北：
　　台灣學生書局，2009），頁 261-262。

20　參考〈人學——人文友會第五十次聚會講詞〉，收入唐君毅，《人
　　生隨筆》（台北：台灣學生書局，1989），頁 35-44。

21　唐君毅，《人生隨筆》，頁 35-44、49-50。

學」，故其雖可說是一位哲學家或當代新儒家，但他的哲學和對儒學的闡釋更是由人文主義的角度出發。誠如唐君毅言，「只有具深度的與廣度的人文思想，可以使人類自救。」[22] 因此，勞思光（1927-2012）稱唐君毅是一位「人文主義宗師」，其所投身的是一「人文主義的運動」。[23]在這一意義下，唐君毅無疑是一位身體力行的教育家。

　　如前文所述，錢、唐兩位先生於 1949 年一起逃至香港，但前者來港除了因為當時大陸政局不穩，更是有一明確目標：辦學。事源錢穆來港前曾於廣州街頭巧遇學者張其昀（1901-1985），後者擬與謝幼偉（1905-1976）和崔書琴（1906-1957）等學友到香港辦學，並邀錢穆共事。是以，錢穆來港後即與謝、崔並吳文暉（1913-1990）等先生籌備辦學事宜。惟除錢穆外，其餘人士均因不同理由退出或離港，故錢穆遂邀請唐君毅和張丕介（1905-1970）兩位共同參與，

22　唐君毅，《中華人文與當今世界補編（下）》，頁 586。

23　勞思光，《思光人物論集》（香港：中文大學出版社，2001），頁 76-77。

位於桂林街的新亞書院。（載自劉國強編，《新亞教育》，頁 20）

並於同年夏天成立「新亞文商專科夜校」，校址為佐
敦道偉晴街南華中學的三間課室，及定雙十節為校
慶。同年冬天，得上海留港商人王岳峰資助，遂租用
位於深水埗桂林街第 61、63 和 65 號的一幢唐樓的
三、四樓單位作校舍和宿舍，學校亦於翌年改名為
「新亞書院」，由錢穆擔任校長、唐君毅任教務長，
張丕介任總務長。[24]

24　以上所述，主要根據錢穆，《新亞遺鐸》（台北：東大圖書公司，

　　蓋錢、唐、張三位先生均強調，新亞書院中的
「書院」一詞，並非西方教育制度下 college 一字的中
譯，而是繼承中國宋代（960-1279）的私人辦學理
念，冀能透過教育以助學生培養健全的人格。[25]如由
錢、唐、張和吳俊升共同撰寫的〈新亞學規〉中，第
十四條便有言：「中國宋代的書院教育是人物中心
的，現代的大學教育是課程中心的。我們的書院精神
是以各門課程來完成人物中心的，是以人物中心來傳
授各門課程的。」[26] 簡言之，從宋代書院制度的角度
出發，「人」才是教育的目的，傳授知識只是幫助達
到此一目的之手段；有助培養健全人格的才是值得推

　　　2016），頁 797-800；張丕介，〈新亞書院誕生前後〉，收入劉國
　　　強編，《新亞教育》（香港：新亞研究所，1981），頁 43-54；黃
　　　祖植編著，《桂林街的新亞書院》（香港：容膝齋，2005），頁
　　　8-9。

25　錢穆，《新亞遺鐸》，頁 5-12；唐君毅，《中華人文與當今世界補
　　　編（上）》，頁 497-502；張丕介，〈理想與理想的負荷者〉，收
　　　入《新亞教育》，頁 111-114。

26　參考錢穆，《新亞遺鐸》，頁 3。有關學規是由錢、唐、張、吳四
　　　人撰寫一事，見張丕介，〈新亞書院誕生前後〉，收入《新亞教
　　　育》，頁 51。

崇的教育，未能幫助建構健全人格的教育則難算理
想。惟我們雖知新亞書院提倡的是一種「人文主義」
的教育，其是以培育健全的「人」為目標，但吾人卻
有必要知道為何當時諸位先生認為非強調此種教育不
可。的確，諸位先生皆認為只有透過培養人的健全人
格，人類才可從根本上對治當時世界盛行的唯物思
想；而唯物思想之所以必須對治，是因為此種思想純
粹把「人」視作「物」，從而忽視了人的價值和尊嚴，
以致最終必然發展成肆意利用甚至剝削他人的極權主
義。新亞書院之所以強調「人文主義」，正是以對治
唯物思想為宗旨。誠如唐君毅言：

> 　　因為歷史文化傳統的關係，東方與西方人之風
> 俗習慣與某一些氣質，也許有許多不同的地方。
> 但是人情是同一的，一人之人格，都具有無限的
> 內在的精神價值，而不只是一現實的物質的存
> 在。而這亦是東西古今一切聖哲之教共同的內
> 容。然而在現代的唯物主義與極權主義的威脅之
> 下，則人之真正的人性與人格之尊嚴與東西古今
> 聖哲之教，同似不能保存。這是當前人類共同的

問題，人類須共同去解決的。而新亞書院最初創
辦的基本動機，亦即由于我們之感到我們自身之
人性與人格尊嚴，及中國之歷代聖哲之教在受著
威脅，而願意盡我們一分之力量為保存之而奮
鬥。但是我們卻並非只是對中國之舊文化抱殘守
缺者。我們是希望由真正人性出發的中國文化之
若干方面能同時與一切尊重人性與人格之精神價
值之世界文化之若干方面發生密切的關係，而互
相融通。這是我們在新亞書院開始創辦時即確定
的宗旨。[27]

以上所述不但強調新亞書院的教育理念有着對治
時弊的現實意義，更指出若要對治時弊便須全人類的
共同努力，非一人或一國能單獨成事。書院所以命名
「新亞」，即反映諸位先生認為中國當與世界接軌，
一方面藉着學習世界不同文化的優點以改善中國文化
的缺點，另一方面則發揮中國文化的優點以改良世界

27　詳見劉國強等編，《懿範千秋：唐君毅夫人謝廷光女史遺稿暨紀
　　念集》，頁 45。

的整體文化。因此，唐君毅言自己雖強調中國文化的
價值，但絕非狹隘的民族主義者；[28]新亞書院雖強調
中國文化，但其目的卻是要溝通東、西方各種文化以
求貢獻世界和人類，[29]如他言：

> 新亞二字即新亞洲。亞洲之範圍比世界小而比
> 中國大。亞洲之概念可是世界之概念與中國之概
> 念間之一中間的概念。而新亞書院講學的精神，
> 亦正是一方要照顧中國的國情，一方要照顧世界
> 學術文化的潮流。新亞書院的同人，正是要在中
> 國的國情與世界學術文化的潮流之中間，嘗試建
> 立一教育文化的理想而加以實踐。[30]

香港的性格

　　事實上，由唐君毅起草，並與張君勱（1887-
1969）、牟宗三（1909-1995）和徐復觀（1903-1982）

28　唐君毅，《說中華民族之花果飄零》，頁 62。
29　唐君毅，《中華人文與當今世界補編（上）》，頁 473-474。
30　唐君毅，《中華人文與當今世界補編（上）》，頁 457-459。

三位先生聯署於 1958 年元旦在香港《民主評論》和《再生》兩雜誌發表的〈中國文化與世界〉宣言，[31]便對以上理念作具體說明：

> 由各民族對於其文化缺點之自己反省，把人類前途之問題，共同當作一整個的問題來處理。除本於西方文化傳統之多元，而產生的分門別類的科學哲學之專門研究之外，人類還須發展出一大情感，以共同思索人類整個的問題。這大情感中，應當包括對不同民族，不同文化之本身之敬重與同情，及對於人類之苦難，有一真正的悲憫與惻怛之仁。由此大情感，我們可以想到人類之一切民族文化，都是人之精神生命之表現，其中有人之血與淚，因而人類皆應以孔子作春秋之存亡繼絕的精神，來求各民族文化之價值方面保存與發展，由此以為各種文化互相並存，互相欣賞，而互相融合的天下一家之世界之準備。

31 該宣言全名為〈中國文化與世界：我們對中國學術研究及中國文化與世界文化前途之共同認識〉，現收入唐君毅，《說中華民族之花果飄零》，頁 125-192。

又言：

> 　此目標之達到，即希臘文化中之重理智，理性
> 之精神，由希臘之自由觀念，羅馬法中之平等觀
> 念，發展出之近代西方文化中民主政治的精神，
> 希伯來之宗教精神，與東方文化中之天人合德之
> 宗教道德智慧，成聖成賢心性之學義理之學，與
> 圓而神之智慧悠久無疆之歷史意識，天下一家之
> 情懷之真正的會通。[32]

　　香港則是諸位先生用以達到上述目標的一個理想
地方。蓋唐君毅明言香港的人口以華人為主，故一方
面承襲中國數千年的深厚文化；香港其時又是英國的
殖民地，故另一方面能面向世界而具備國際視野。因
此，香港是中西文化的交叉點和最好的文化傳播地；
只有保留華人的優良傳統和吸收世界的不同文化，才

32　以上兩段引文，分別見唐君毅，《說中華民族之花果飄零》，頁
　　188、191。

得以成就如今的香港。[33]若是，則唐君毅等先生選擇
來港辦學乃非偶然。惟在進一步說明香港在唐君毅事
業中的角色前，我們有必要解釋他用以對治唯物思想
的方法，因這實涉及新亞書院的教育特色。誠如唐君
毅認為，唯物思想之所以出現是因為人們僅從認知或
科學的角度觀察人，以致誤會人最終只是一些物質，
從而衍生了把人視作物的價值觀。這種價值觀既視人
類為物質，則其從根本上即否定人類擁有各種諸如審
美和道德等能力，並否定了世上當有美和善等價值。
為了對治這種把人視作物的思想，新亞書院才提倡人
文主義的教育，藉以強調人類的尊嚴和價值。因此，
唐君毅言現代人類需要的是一次「文藝復興」，鼓勵
我們當盡量發掘和發揮人類的不同價值，避免陷入唯
物思想的泥濘之中。他有言：

---

33 唐君毅，《中華人文與當今世界補編（上）》，頁 556-557；唐君
　　毅，《中華人文與當今世界補編（下）》，頁 523。類似主張，更
　　見羅香林，《香港與中西文化的交流》（香港：中國學社，
　　1961），頁 257-266。

　　科學祇是人文之一種，科學意識，祇是人生意
識之一種，建基于一時之科學結論的宇宙觀人生
觀，只是人之宇宙觀人生觀之一種。我們必須以
人文之全體和協發展之理念，代替科學至上之理
念。我們將以其他人生意識限制科學意識，以建
基于其他人類文化意識，如宗教經驗、道德經
驗、藝術經驗之宇宙觀，限制只建基于一時科學
結論之宇宙觀。我們之理想的世界，理想的人生
標準，依于我們之看重整個的人生，多方面之人
生要求，與人性之全體。這種看重整個人文，多
方面之人生要求，與人性之全體之精神，大體上
來說正是東西傳統學術文化之正流之共同精神。
所以我們的目標，亦可說是求世界性的文藝復
興，可以說是要求重建人類之常道。我們相信我
們所提出的理想的世界，理想的人生，更能合乎
人性的要求。[34]

---

34 唐君毅，《人文精神之重建》（台北：台灣學生書局，2000），頁
58。

　　簡言之，唐君毅認為人類當前的文化危機是人的「物化」；而吾人現在最迫切的工作則是重建人的人格和重拾人的尊嚴，以助人類從這一視人如物的風氣中超拔出來。[35]至於他用以助人從「物化」之中超拔出來的方法，卻非純是對唯物思想進行破斥或駁倒，而是說服和鼓勵我們當盡力提昇人格和擴闊視野，藉以使不同思想和價值能夠並行不悖，不致狹隘地把人視作物來看待。[36]是以，「人當是人」遂成為唐君毅所有著作的最重要論旨，[37]其亦成為新亞書院最核心的教育理念。的確，〈新亞學規〉中有不少條目即強調為人的重要：如第一條言「求學與作人，貴能齊頭並進，更貴能融通為一」，認為只有才德兼備者才稱得上是一理想的人物；第二條言「做人的最高基礎在求學，求學之最高旨趣在做人」和第十八條的「你須

35　唐君毅，《中華人文與當今世界（下冊）》，頁 17-20；唐君毅，《中國人文精神之發展》（台北：台灣學生書局，2000），頁 334-335。

36　唐君毅，《中國文化之精神價值》（台北：正中書局，2000），〈自序〉頁 7。

37　唐君毅，《人文精神之重建》，頁 4。

在尋求偉大的學業與事業中來完成你自己的人格」
等，則強調學問和事業均是以完成健全人格為目
的。[38]新亞書院的特色，只有在以上的文化背景下才
能凸顯；[39]唐君毅在港事業的價值，亦由他堅持新亞
書院的特色中得以呈現。

三、傳統與現代的衝突

　　在進一步探討唐君毅的在港事業前，我們有必要
對當時香港的環境更作認識，因這不但解釋為何創立
新亞書院的諸位先生會選擇來港辦學，亦解釋了為何
新亞書院的教育理想始終難以實現。張丕介即對來港
的原因作出了清楚的說明：香港是他們身處時代最適
合文化發展的地方，因為此地擁有生活、思想和言論
的自由，地位堪比冷戰時期歐洲的柏林。正是當時香
港的制度能予人一個自由發展的空間，不同的人乃能

38　所引學規，參考錢穆，《新亞遺鐸》，頁 2-3。
39　張丕介，〈理想與理想的負荷者〉。

在香港實踐彼此的文化理想，並言「新亞書院的誕生和長成也應該從上面說的自由文化環境求解釋」。[40] 換言之，香港之所以能夠吸引不同的人才到來，原因是此地有着當時華人地區難得擁有的自由。事實上，唐君毅在五十年代便明言他是因為當時中國大陸欠缺思想和言論的自由而拒絕回國；[41] 有論者在回憶與唐君毅對話時曾曰「我所企求者安定」，換來後者回答「我所企求者自由」，[42] 足見唐君毅對自由的重視程度。不少論者在討論創辦新亞書院的先生和新亞書院時，均偏重前者對中國文化的維護和後者的中國文化特色，致使新亞或予人一強烈民族色彩的印象，[43] 卻

40　張丕介，《粉筆生涯二十年》（香港：新亞書院，1970），頁 53-55。

41　唐君毅，〈致張遵騮〉（1956 年 10 月 13 日），收入《書簡》（台北：台灣學生書局，1990），頁 239-245。

42　賴高翔，〈憶唐君毅教授〉，收入《紀念集》，頁 118-121，尤見頁 120。

43　例子見何一，〈北學南移：現代新儒家的遺民情結及其價值—以唐君毅為例〉，收入鮑紹霖、黃兆強、區志堅編，《北學南移：港台文史哲溯源 1949（學人卷 I）》（台北：秀威資訊科技，2015），頁 110-124；汪麗華、何仁富編著，《唐君毅先生年譜長編》（北

忽視了諸位先生實是希望透過傳統中國文化來對治人
的物化問題，而中國文化亦亟待學習世界的不同文化
去改善自身缺點的這一立場。誠然，新亞書院強調中
國文化，但更重視普世價值；其雖主張吾人要關心中
國，但更要求我們放眼世界。至於讓不同文化得以互
相交流和學習，自由的土壤乃為必要條件。香港地位
之所以重要，正是此地提供了這一條件予唐君毅等先
生。惟假如新亞書院的誕生和長成不能離開香港的自
由環境以作了解，則一旦自由的條件不再，這是否意
味新亞書院亦會隨之衰落？這一點即構成唐君毅對新
亞書院前途的最大憂慮。[44]

　　蓋現在的新亞書院是香港中文大學（下簡稱中
大）的一個書院，而中大則是獲香港政府承認能夠在
本地頒授學位的其中一所公立大學。[45]自中大在 1963

京：中國社會科學出版社，2018），〈前言〉頁 4；魏兆鋒，《新亞
書院研究（1949-1965）》（北京：九州出版社，2019）。

44　唐安仁，〈伯伯〉，收入《紀念集》，頁 633-651，尤見頁 649-
650。另見周愛靈著，羅美嫻譯，《花果飄零：冷戰時期殖民地
的新亞書院》（香港：商務印書館，2010），頁 171-172。

45　有關香港高等教育的歷史，參考盧一威、伍世傑、韓笑，《香港

年創校，新亞書院即與崇基學院和聯合書院共同以聯邦制的方式加入中大。在這一意義下，新亞書院的命運早已跟中大的發展密不可分。但值得留意者，是新亞書院在加入中大以前，顯然已在社會人士甚至海外華人的心目中有着一定位置。[46]因此，唐君毅才言不是中大創立以後方有新亞書院，而是中大在新亞書院打下的基礎上加以建立，自信若沒有新亞書院即未必會有中大；[47]徐復觀亦言中大若無新亞書院，則只是香港大學（下簡稱港大）的亞流。[48]查新亞書院的地位之所以如此特別，最大的原因相信是其本身即由錢、唐等極富傳統中國文人乃至是儒家色彩的學人所

高等教育》（香港：中華書局，2016），頁 2-7。

46　如李歐梵曾認為創校時期的中大當如新亞書院般有着崇高的教育理想，可見新亞書院在加入中大以前已有一定聲望。詳見其〈我對中文大學的觀感〉，收入香港中文大學學生會編《中大十年》（香港：香港中文大學學生會，1973），頁 12-24。

47　唐君毅，《中華人文與當今世界補編（上）》，頁 603。

48　徐復觀，〈悼念新亞書院〉，收入黎漢基、李明輝編，《徐復觀雜文補編（第二冊）：思想文化卷（下）》（台北：中央研究院中國文哲研究所籌備處，2001），頁 266-270。

創立，故由始即帶有強烈的傳統中國或古典教育的味
道。[49]這從 1951 年香港教育司高詩雅（Douglas J. S.
Crozier，1908-1976）到訪桂林街的新亞書院時，認
為當時的新亞書院具備了十二世紀歐陸波隆那、巴黎
和牛津等高等學府的傳統氣氛一事中可知。[50]惟亦因
如此，新亞書院在理念上與現代教育亦有着較大的分
歧，致使其與中大的磨合面對着較大的困難。[51]

新亞的特色

　　的確，儒家傳統重視「內聖外王」。「內聖」者，
主要指透過提昇我們的個人修養以達致變化氣質、改

49　參考〈從崇基哲宗系到中大哲學系：勞思光教授訪談錄〉，收入
　　劉國英、張燦輝編，《修遠之路：香港中文大學哲學系六十周年
　　系慶論文集・同寅卷》（香港：中文大學出版社，2009），頁
　　7-18，尤見頁 9。

50　參考李祖法，〈新亞精神的未來與中文大學的方針〉，收入《新
　　亞教育》，頁 147-150。

51　蔡仁厚，〈唐君毅先生的生平與學術〉，收入《紀念集》，頁 276-
　　282，尤見頁 281；朱少璋編，《沈燕謀日記節鈔及其他》（香港：
　　中華書局，2020），頁 372。

變自己；「外王」者，則指透過個人修養的提昇以使
事功得以達成，藉以能夠移風易俗、改變社會。[52]今
人或認為「外王」即涉及政治，但唐君毅認為政治如
非以經過改進的思想為基礎，則其改良終不穩固；反
之，人們的思想若是得到改進，政治將隨之改良。在
這一意義下，教育事業當比純粹的參與政治更能符合
儒家有關事功的標準。[53]是以，我們可見中國歷史上
不少大儒除了政治的參與外，更會從事教育的工
作，[54]因後者在長遠而言才是更能促成社會進步的方
法。吾人若把新亞書院放在以上脈絡觀之，當可視其
為唐先生的外王事業，故勞思光才言新亞書院實是唐

---

52 詳見 Lao Sze-Kwang, "On Understanding Chinese Philosophy: An Inquiry
　　and a Proposal," in Robert E. Allinson ed., *Understanding the Chinese Mind:
　　The Philosophical Roots*（Hong Kong: Oxford University Press, 1989），
　　pp. 265-293.

53 唐君毅，〈致胡蘭成〉（1961 年 11 月 7 日），收入《書簡》，頁
　　268-270。另見〈致趙志強〉（1958），見同書，頁 335-336。

54 參考張正藩，《中國書院制度考略》（台北：中華書局，2017），
　　頁 75-107。

君毅用以實踐他個人思想的一個基地。[55]

　　誠如前文所述，唐君毅要對治唯物思想，而他回應此問題的方法是鼓勵人們要提昇人格和擴濶胸襟。因此，我們當要培養一整全的心靈，不能在心靈的層次上先呈一分裂的狀態。否則，由這一心靈觀照下的世界亦必然分裂。如他言：

> 　　吾亦皆嘗泛覽其書，而分別有所會心。然吾人分別有所會心之事，仍統于吾之一心，則吾不得不更觀其通。因如其不通，則吾人一心先自相割裂而不通，而吾之生命存在即有破裂之危。[56]

　　蓋唐君毅認為，唯物思想的產生便是我們僅利用認知或科學的角度來審視他人，從而誤會人只是物質，卻忽視了人實為一整體；良好的教育正是幫助我

55　勞思光，〈中國文化研究與整合〉，收入吳倫霓霞編，《邁進中的
　　大學：香港中文大學三十年》（香港：中文大學出版社，1993），
　　頁 85-109，尤見頁 87-88。

56　唐君毅，《生命存在與心靈境界（上冊）》，頁 33-34。

們把握整全心靈，藉以認識人當為一整體的一個方法。[57]事實上，唐君毅明言教育的目標是要成就一個個完整的人格。因此，教導學生如何做人是教育的第一義，知識的傳授和學術的研究只是第二義，課程的安排則是為了達致以上兩者，故只屬第三義。[58]是以，唐君毅眼中的理想教育必定包含以下兩點：第一，整全的視野；第二，知行的合一。這是因為一個健全的人當不應對世上任何的正面價值有所排拒，也不應是一個知而不行的書呆子甚或是表裡不一的偽君子。循第一點，唐君毅既重視整全的心靈或人格及由其衍生的整全視野，故反對僅循某一角度來思考問題。因此，他認為一所學校不應以帶商業性和技術性的專科作為教育的重心，因這些科目往往未能從一宏觀的角度來思考問題，而是把吾人整全的人格作分裂的剖析。順此思路，唐君毅認為理想的教育當是通識教育，因這有助學生循整全的視野來了解世界。如他言：

57　唐君毅，《文化意識與道德理性》（台北：台灣學生書局，
　　2003），頁 615-618。

58　唐君毅，《中華人文與當今世界補編（上）》，頁 508-509。

　　從教育立場說，我認為要形成一整全的人格，最需要的是通識的培養。中國從前的理想學者，是對文史哲及社會與自然，都有相當的知識者。我認為只有這種學者，才能成為真正的教育家及社會政治之領導人物。[59]

　　由此，唐君毅乃在教育上特重文、史、哲、藝等傳統人文科學（humanities），[60]因他認為這些學問較強調培養學生的宏觀視野，不致把學生訓練成為一個專家或專才，以致習慣僅循一狹隘的角度來認識世界。誠如他言：

59　唐君毅，《中華人文與當今世界補編（上）》，頁 455-456。

60　此處採用「人文科學」而非較為常用的「人文學科」來稱謂如文、史、哲、藝等屬於 humanities 的學問，是因為前者強調這些學問的知識性和系統性，帶出有關人文的學問實亦具有客觀和科學等性格，但後者除了表示學科的編制外似沒有特殊的意義。相關觀點，詳見關子尹，《徘徊於天人之際：海德格的哲學思路》（新北：聯經，2021），頁 157-167。查唐君毅對文、史、哲、藝等學問的理解，「人文科學」應是較為可取的稱謂。惟後文隨即指出，他當認為「人文科學」尚未達到「人學」的層次。

> 人文學術是以人為中心。人只是一整個的人，
> 其事，是歷史；其思想，便屬哲學；其情感想
> 像，即表現於文學。人不能割裂，人文學術即不
> 能割裂。[61]

　　但人文科學除了有助培養學生的整全視野外，唐
君毅認為其尚有一獨特的功能，即這些學問有助吾人
變化氣質，使我們能朝着一理想的方向前進。[62]是
以，他稱人文科學為「人文學」或「人學」，以強調
有關學問這一助人自我轉化的功能。[63]至於人文科學
是否即等同人學，即涉及上述有關理想教育的第二點
特性：知行的合一。的確，教育若是以完成整全的人
格為目標，則其必不能僅是強調學生要有宏觀的視
野，因一個完整的人不應只是空有理論而欠缺行動。
換言之，理想的教育必須重視實踐。人文科學固然在

61　唐君毅，《中華人文與當今世界（下）》，頁 231。
62　唐君毅，《中華人文與當今世界補編（上）》，頁 269。
63　詳見唐君毅，《中華人文與當今世界補編（上）》，頁 261-269；
　　唐君毅，《人生隨筆》，頁 35-44。

價值上能為吾人提供指引，從而幫助我們改善自己；
但知道一方向與循這一方向以行事畢竟是兩回事，故
唐君毅主張學生須從日常生活中學習與人相處，藉以
改善自己的修養和行為。因此，理想的教育除了重視
通識的言教，同樣重視老師的身教；[64]師生之間透過
互動以使彼此得以共同成長，才是最崇高的教育意
識。[65]在一封予牟宗三的信中，唐君毅便言：

　　當今老成凋謝，社會人心仍將求有所寄，故善
言正論，終必將為人所尊視。而吾人之行為，亦
必為世所期以為法則者。〔……〕如國家民族長此
衰亡則亦已矣，如其不然，則國運之復，終必與
吾人之擔負之增加而旦復，浸假而吾人竟為世之
瞻仰企望之所歸，則吾人之言行皆不可不求足為

64　楊鍾基，〈唐君毅先生的教育思想與教育事業〉，收入霍韜晦編，
　　《唐君毅思想國際會議論文集（III）》（香港：法住出版社，
　　1991），頁 190-208。
65　唐君毅，《文化意識與道德理性》，頁 622。

天下則，為人所共效而無弊者。[66]

　　可見唐君毅自覺教育工作者的行為將成為社會的
準則，而老師更是學生的模範，他的這一觀點與「學
高為師，身正為範」或「學為人師，行為世範」這一
「師範」的意思完全一致。[67]只有強調整全的視野和
知行的合一，一個人方能稱得上擁有健全的人格；只
有擁有健全人格的人，才有望成為社會的領袖；亦只
有培養健全人格的學校，才算是提供理想的教育。否
則，學生縱然對個別學科有着豐富的知識，但其亦可
以是一井底之蛙，甚至是一不諳人情世故的書呆子，
而僅成為社會的一枚螺絲。[68]討論至此，唐君毅的教
育理念可謂非常清晰。吾人可言，他的這一教育理念
如未能加以實踐，則其便僅是懸空於現實的一種理

66　唐君毅，〈致牟宗三〉（1955 年 12 月 17 日），收入《書簡》，頁
　　164-165。

67　「學高為師，身正為範」為教育家陶行知（1891-1946）所提出，
　　現為哈爾濱師範大學校訓；「學為人師，行為世範」則由書法家
　　啟功（1912-2005）提出，現為北京師範大學校訓。

68　唐君毅，《中華人文與當今世界補編（上）》，頁 581-588。

想，對我們身處的社會終究欠缺實際意義。此所以新
亞書院如此重要，因其正是唐君毅實踐他教育理念的
地方；新亞書院若欠缺上述理念作支撐，則其亦只是
徒具外表的一所普通學校。[69]惟這卻是他在新亞書院
加入中大時對前者的前途感到「徬徨無所措」的原
因，[70]因為當時中大在唐君毅的眼中正是代表着一種
重視專門知識多於通識，以及重視理論多於實踐的現
代教育。[71]由此，即帶出新亞書院和中大在教育理念
上的衝突，以及唐君毅在這場衝突中所遇到的挫折。

四、新亞與中大的糾紛

　　蓋新亞書院既由錢穆、唐君毅和張丕介三位先生
共同創辦，三人在書院中的地位可謂無容置疑，故徐

69　詳見張丕介，〈理想與理想的負荷者〉。
70　唐君毅，《中華人文與當今世界補編（上）》，頁 522。
71　唐安仁，〈伯伯〉，收入《紀念集》，頁 633-651，尤見頁 649-650。

復觀言新亞書院是靠錢穆的名望、唐君毅的理想主義和張丕介的頑強精神所維持。[72]但在新亞書院和中大的關係漸趨緊張的七十年代，錢穆已離港遷台，張丕介則已逝世。因此，捍衛新亞創校精神的責任遂主要落在唐君毅身上。[73]余英時便言，新亞書院自創校的三十年間，「前十五年是以錢穆先生為主體，在艱苦中撐持，後十餘年則是以唐君毅先生為主體，在困難中奮鬥。」[74]惟由錢、唐兩位先生分別擔當主體的新亞書院，其所面對的處境又是什麼？唐君毅即明言，新亞創校首十年的最大挑戰是物資的困乏，接着的十年則為理念的衝突。[75]的確，早期的新亞書院可謂以貧困見稱，學校的發展是在貧困之中奮鬥出來的。[76]新亞書院校歌中「手空空，無一物，路遙遙，無止

72　徐復觀，〈悼念新亞書院〉。

73　劉國強，《全球化中儒家德育的資源》（台北：台灣學生書局，2011），頁 314-315。

74　余英時，〈有感於「悼唐」風波〉，收入牟宗三、徐訏等著，《唐君毅懷念集》（台北：牧童出版社，1978），頁 209-219。

75　唐君毅，《中華人文與當今世界補編（上）》，頁 555-556。

76　張丕介，〈新亞書院誕生前後〉。

境。亂離中，流浪裏，餓我體膚勞我精。艱險我奮進，困乏我多情。千斤擔子兩肩挑，趁青春，結隊向前行。珍重，珍重，這是我新亞精神」諸句即反映上述處境。[77]但錢穆強調，貧困本身不代表價值，一件事是否有價值與貧困沒有必然關係。[78]若是，則我們如以貧困形容或代表「新亞精神」便可謂捉錯用神：貧困不代表新亞即有精神；反之，是新亞有着精神故能克服貧困。在這一意義下，理念比物質實更為重要。然則，「新亞精神」究指什麼？唐君毅說出自己的看法：

> 新亞的精神，新亞之教育文化理想，我想不外
> 一方希望以日新又日新之精神，去化腐臭為神
> 奇，予一切有價值者皆發現其千古常新之性質。
> 一方再求與世界其他一切新知新學相配合，以望
> 有所貢獻于真正的新中國，新亞洲，新世界。[79]

---

77 相關歌詞，見錢穆，《新亞遺鐸》，頁 7。
78 錢穆，《新亞遺鐸》，頁 23-25。
79 唐君毅，《中華人文與當今世界補編（上）》，頁 457-460。

　　簡言之，唐君毅眼中的「新亞精神」指吾人應透過文化之間的相互學習以改善自身和世界，一如前文所述。但理想的達致必須建基於現實，由此即帶出新亞教育的兩種面向：[80]第一為具普遍意義者，此涉及唐君毅對教育的看法，其多少為值得關心教育議題的人士所注意；第二為有特殊意義者，所針對的是當時新亞書院在香港的特別處境。有關第一點，唐君毅有言：

　　一間學校最重要的就是首先須要有許多「人」（先生）在一處做學生的榜樣，而教學最後的目標就是要成就一個個的「人」。所以教學生如何做人是辦學的第一義；傳授知識與鼓勵學術的研究是第二義；說到學校的課程的編排與學生們考試成績的問題是第三義。[81]

80　下文有關新亞書院教育理念的討論，主要參考拙文，〈唐君毅、新亞精神與現代教育〉，《鵝湖學誌》第 67 期（12／2021）：139-169。

81　唐君毅，《中華人文與當今世界補編（上）》，頁 509。

　　以培養學生成為一個「人」是新亞書院的創辦目的，此點已於前文述及，茲不贅引。至於第二點，唐君毅則有言：

　　諸位現生活於香港，在香港或他地，受了適當的教育後，能否先對香港社會服務，以用其所學，謀香港社會的進步；而不如以前人只視香港為一客居之地；即諸位無數遠大事業前途的最先考驗。但我不希望諸位之理想，只限於一區區香港。還要放開目光，去看中國的前途，世界的前途，而自知其對中國社會，及中國與世界文化繼往開來之責任所在，更求具備多方面學術知識的素養。同時幫助所有在港從事教育的人，將香港傳統教育的方式，向前改進一步；而以「社會需要包含政府需要」，以「人文教育包含技術教育」，以「教育工作者之教育觀念，代替一切教育中的商業觀念」，好使香港教育，不只為一中西文化之邊緣地帶的教育，而成為培養「下一代真正生根於香港社會，而建設香港社會，為未來的中

國與世界盡若干責任」的人才的教育。[82]

　　事實上，徐復觀便認為新亞書院對香港的意義是使一純粹的商業社會開始滲透出一份文化氣息，並言這種改變「雖然沒有工業所引起的迅速、顯著而有效，但其意味是深遠的，價值是永恆的。」[83] 的確，吾人若從唐君毅以上引文觀之，應可發現他除了認為教育當培養學生整全的視野和強調知行的合一外，亦要兼顧理想和現實：理想雖然可貴，但其要建基於現實；現實固然重要，但要從中活出理想。[84] 蓋唐君毅認為新亞書院原是一班南來學人欲替將來的中國培養人才所創辦，故他們最初對香港的情況並未熱心，此所以張丕介言新亞書院的本質實為一所「流亡大學」，其是由一班流亡學者和流亡學生所組成；[85] 惟隨着返回大陸的希望日漸渺茫，唐君毅明顯認為新亞

82　唐君毅，《中華人文與當今世界補編（上）》，頁 452-453。

83　徐復觀，〈悼念新亞書院〉。

84　唐君毅，《中華人文與當今世界補編（上）》，頁 477-485。

85　張丕介，《粉筆生涯二十年》，頁 56。

書院當有關心香港的義務和必要。換言之，新亞書院
的教育一方面須堅持為未來中國培養人才以求最終能
貢獻世界的理想，另一方面則要顧及香港社會及港人
期望的現實。但以上兩點結合起來卻容易予人一矛盾
的感覺：強調理想者往往忽視現實，而強調現實者則
容易忽視理想；重視中國大陸便容易輕視香港，重視
香港則容易漠視中國大陸。唐君毅承認，如何兼顧理
想和現實是當時新亞書院面對的最大難題。[86]但我們
若循他的教育理念出發，理想和現實亦有並存的可
能。這是因為一個健全的人格首先即不應排斥任何有
價值的思想或行為，假使理想和現實均有價值，吾人
乃沒有以理想來否定現實，或是以現實來否定理想的
道理。以上觀點既以我們擁有健全的人格為前提，而
唐君毅又認為現代教育不利吾人培養健全的人格，則
新亞書院與現代教育在理念上的分歧遂被凸顯。唐君
毅便把這一分歧歸納如下：

　　照傳統中國文化的觀念，人之一切學問，仍以

86　唐君毅，《中華人文與當今世界補編（上）》，頁 498-502。

　　希聖希賢之學為第一。〔……〕然在現代大學教育
中，此學問畢竟放不進去：哲學與宗教學，在此
中亦只是理論與知識而已。〔……〕尅就現代式之
人學教育說，亦有其在現代之社會文化中之特殊
地位及特殊價值。此即養成分門別類之學術專家
與社會文化工作者。此現代式大學在制度方面，
不同於傳統書院教育之以個人之整體性的人格與
學問為中心，而是以各種專門之學術與學者，分
別為大學的重心。[87]

　　明言現代教育的一個特色是把學問分得太過專
門，這一特色雖有其價值，但卻不利我們把握健全的
人格，故不為新亞書院所取。如他繼言：

　　人文學術有一性質，就是關心到人的本身，人
本身的事情就是密切關繫着的。行為表現就是歷
史，情感紀錄下來便是文學，思想道理表現出來
就是哲學。簡單來說，人就是思想、情感、行為

87　唐君毅，《中華人文與當今世界補編（上）》，頁 522-523。

這三方面。思想發展出來就很複雜，行為情感表現出來亦很複雜，這三種本是不可分，所以了解起來不可分門別類，分門別類了解不能了解。〔……〕現在趨勢是將人文科學自然科學化，看來似乎是分得更精細，其實卻把人文科學分割，讀文學的成文學專家，讀歷史的成歷史專家。新亞並不取此態度。[88]

　　簡言之，唐君毅認為現代大學與新亞書院在教育上的分別最少有二：第一，前者使學問分裂，後者則強調學問須整全；第二，前者認為人文科學一如所有的學科，其僅是一些客觀的理論和知識，從而把人文科學視為可供我們研究的外在對象。因此，學問的追求乃成為現代教育的目標。後者則把人文科學視為變化氣質的手段，是吾人提昇個人修養的資糧，其把教育的目標放在人格的育成一事上。明顯地，以上分別實建基於唐君毅的教育理念，即理想的教育須強調整全的視野和知行的合一。至於他強調這兩者的原因，

88　唐君毅，《中華人文與當今世界補編（上）》，頁 582-583。

則是因為「人」是整全的存在，不能分裂地加以分析。事實上，唐君毅認為新亞書院的教學有四個特色，吾人可發現這些特色在不同程度上即圍繞上述教育理念而開展。這些特色分別如下：第一，重視通識；第二，強調學問與生活或知識與實踐合一；第三，學生、老師和學校為一人倫關係，以及第四，行政與教學人員應為一體。[89]有關第一、二點，前文已作討論。至於第三點，唐君毅則有以下解釋：

> 新亞書院原始的教育理想，正是要學中國過去之書院的。在書院制度下，老師與學生互為存在的。所謂互為存在，是說一學生不只是「一個學生」而是「這個學生」：一老師不是「一個老師」，而是「這個老師」。「一個」則可以代替，「這個」則不可以代替。〔……〕在中國昔日之書院制度下，老師與學生是一倫理關係，學生與老師，在一倫理關係中，是互為真實存在的。[90]

---

89 唐君毅，《中華人文與當今世界補編（上）》，頁 604-607。
90 唐君毅，《中華人文與當今世界（下）》，頁 163。

分歧的出現

　　循唐君毅,「人」不是一可供客觀分析的抽象概念,而是每人均有獨特的處境以助其成為現在如此這般的自己。這一所謂獨特的處境,即每人均生活在一人倫關係之中。一人的人格,即在不同的人倫關係中逐漸養成。[91]因此,新亞書院極重視師生的相處,因師生正是一重要的人倫關係。[92]此遂解釋了為何新亞書院諸位先生堅持聯邦制不能改動,因制度的改變會使人倫關係遭到破壞,人倫關係不能維持即意味新亞教育理想的崩潰。[93]這一點將在後文再述,暫按下不表。的確,隨着新亞書院的規模不斷擴大,其亦於1956年由原來的深水埗桂林街遷到土瓜灣農圃道。

91　唐君毅,《哲學概論(下)》(台北:台灣學生書局,1996),頁554-556。

92　詳見唐君毅,《中華人文與當今世界(下)》,頁142-167。

93　參考〈新亞書院董事會上香港總督麥理浩爵士書〉,收入香港中文大學新亞書院董事會輯,《新亞書院董事會對富爾敦報告書及一九七六年香港中文大學法案之意見及有關文件續刊》(香港:香港中文大學新亞書院董事會,1976),頁7-11。

惟校舍的擴大和師生人數的增多卻使唐君毅慨嘆書院
內的人倫關係比前衰落，認為不少師生之所以進入新
亞僅是為了謀取職業。是以，師生之間遂由一道義上
的關係轉變為利益上的考慮。因此，他明言對當時新
亞書院的教育感到失望。[94]至新亞加入中大，以利掛
帥的風氣比前更盛，師生之間竟變得互不存在，質疑
這種使人倫關係變得疏離的教育已違背新亞創辦的原
初精神，[95]而人倫關係的疏離在某程度上即反映在教
學與行政人員的分工一事上，此則涉及前述新亞書院
教育的第四點特色。誠如唐君毅言：

> 行政人員與教師分開，也許有專職的好處；但
> 亦有使行政與教育分開，使學生對行政人員不視
> 為老師來尊敬，以至將為學與作人作事，亦視為
> 不相干之種種的壞處。以前中國大陸的大學、總
> 務長、秘書長、訓導長、教務長，一定是個好教
> 授；他自己有相當的學術地位，教學的經驗，才

94　唐君毅，《中華人文與當今世界補編（上）》，頁 472-476。
95　唐君毅，《中華人文與當今世界（下）》，頁 163-167。

以一段時間辦理教育行政，退回來亦還能教學。
則在他辦行政時，處處仍以教育為目標，不致只
成事務主義者、技術主義者，學生亦把他當老師
來尊敬。若果以一個完全不能當教師的人，當學
校的主要行政人員，成了終身職，這與政府與工
商業機構中的行政技術人員、事務人員有何分別
呢？他又如何能取得學生之尊敬呢？十年前，錢
賓四先生要授課，吳士選先生亦上課。此十年中
因為校務行政繁重，校長才不能教書了。新亞中
之高級行政人員，亦都不須能當教師者擔任了。
這究竟合不合使學校整個成一教育團體的理想，
實值得加以研究。新亞書院向來重視把做人、做
事、與做學問三者之精神連在一起，所以在教學
及行政工作之間，能有輪替的配合，應當是一更
合新亞理想的制度。[96]

引文指出負責教學和行政的人士當為相同的人，
這不僅是因為在功效上能使教學和行政的工作變得暢

96　唐君毅，《中華人文與當今世界補編（上）》，頁609。

順，更是由於在原則上一人不能只為一專才。否則，
一人的人格將呈分裂的狀態。大致而言，上述第二、
三點可歸類為一組，第一、四點則可歸類為一組，兩
組又共同構成一整體。這是因為第二點強調為學和作
人應要合一，而第三點即指出師生關係當是使為學和
作人得以合一的一個方法；第一點認為吾人要有整全
的視野，第四點則指出相關視野是有效處理學校教學
和行政事宜的條件。當然，上述的觀點仍是圍繞
「人」當是一整體存在的這一大前提出發。新亞與中
大的分歧，正是唐君毅認為後者把學問分得太小，以
致有把整全的視野加以割裂的危險；整全視野的割裂
則終釀成過分的分工，從而破壞人倫的關係；人倫關
係一旦遭到破壞，即不利整全人格的育成。簡言之，
唐君毅認為新亞主張把已然分裂的各種道理重新整
合，而中大則把本應整全的各種價值加以分裂。[97]若
唐君毅的理解正確，則其時中大所代表的現代教育理

97　此一觀點，參考余英時，〈回憶與期待〉，收入陳方正編，《與中
　　大一同成長：香港中文大學與中國文化研究所圖史 1949-1997》
　　（香港：香港中文大學中國文化研究所，2000），頁 258-262。

念乃有使知識的追求壓倒人格的完成之嫌，從而有顛覆整個新亞書院教育理念的可能。[98]

位於農圃道的新亞書院。（載自劉國強編，《新亞教育》，頁 36）

　　事實上，隨着香港在二次大戰後由中國大陸來港的人口不斷增加，以及因大陸政局不穩以致在政治上有必要更多通曉中文及中國文化的人才，時任港督葛量洪爵士（Sir Alexander W. G. H. Grantham，1899-

---

98　周愛靈著，羅美嫻譯，《花果飄零：冷戰時期殖民地的新亞書院》，頁 262-263。

1978）於 1951 年便正式委任委員會檢討高等院校當
如何應付社會需要的問題。委員會所提交的報告指
出，其時香港高等教育的最大不足是欠缺以中文為授
課媒介的大學學位課程，並建議港大在短期內開設相
關課程，惟委員會的建議在港大校董會內以港大資源
不足為由遭否決。因此，港府遂於 1956 年的一個有
關如何解決本地學生升學所需的備忘錄中，首次提出
要建立一所擁有頒授學位資格的「中文大學」。的
確，其時香港已有不少私人院校，新亞書院、崇基學
院和聯合書院便為當中較成功的例子：新亞書院強調
中國儒家人文主義、崇基學院奉行西方基督教精神，
而聯合書院則著重香港社會的實際需要，三所學校可
謂各具特色。經過多次的視察和審議，港府在 1959
年宣布資助以上三所學校以換取其共同合組新的大
學，並在 1963 年於立法局通過〈香港中文大學條
例〉，制訂一所由以上院校共同組成，並以中文為主
要授課語言的聯邦制大學——香港中文大學。[99]唐君

99　有關中大創建的經過，詳見吳倫霓霞，〈建校的歷程〉，收入《邁
　　進中的大學：香港中文大學三十年》，頁 1-24。

毅則於同年出任中大首位哲學系系主任、哲學系講座
教授和文學院院長。[100]或許是中大的創立與香港的發
展息息相關，而唐君毅與中大和哲學系的關係又如此
密切，故余英時言：「香港之有哲學特別是中國哲學
是從唐君毅先生開始的。」[101]

　　查「中文大學」一名主要根據錢穆的意見，即迻
譯自當時港府文書普遍使用的「Chinese University」
一詞。[102]但按唐君毅的理解，「中文大學」一詞實由

<hr/>

100 唐端正編撰，〈年譜〉，頁 150。

101 余英時，〈唐君毅先生銅像揭幕儀式致辭〉。惟值得注意者，是
　　港大在 1930 年已在中文學院增設哲學科，並由溫肅（1879-1939）
　　和朱汝珍（1870-1942）兩位清朝翰林任教。前者著有《哲學總
　　論》，後者則著有《漢以後之哲學》，兩書合稱為《香港大學中
　　文學院哲學講義》，惜流傳不廣。以上資料，參考許振興，《經
　　學、教育與香港大學：二十世紀的足跡》（香港：中華書局，
　　2020），頁 178-211。是以，香港有「哲學」一名乃至其有「中
　　國哲學」的講授乃非由唐君毅開始。但嚴格而言，溫、朱兩位當
　　時所講授的「哲學」在內容上似與傳統經學無大分別。在這一意
　　義下，我們還是可言香港之有學院意義下的哲學或 philosophy 當
　　由唐君毅說起。

102 錢穆，《八十憶雙親‧師友雜憶（合刊）》（台北：東大圖書公司，

於社會大眾得知新大學將會使用中文授課，故當時的
報章乃使用此名來稱謂新大學。因此，「中文大學」
一名實由香港民間喊出。循唐君毅，「中文大學」一
名有三個涵意：第一，指用中國語言為主要教學工具
的大學；第二，指由中國人治理的大學；第三，指以
承繼與發展中國文化為教育目標的大學，而新亞書院
尤重第三個涵意。[103]唐君毅既認為「中文大學」四字
反映當時香港社會對新大學的期望，故他強調這所大
學亦首先要對此地的社會負責。至於對香港社會負責
的方法，正是要提高此地市民的知識水平，改善香港
整體的文化質素。如他力促港府列中文為香港的官方
語言；[104]主張中大的教師當能使用中文翻譯西方的術
語，並使用中文講解。學生離校後則將其所學傳播給
社會大眾，藉以打破知識僅由少數人壟斷的情況；[105]

2020），頁 338。

103 唐君毅，《中華人文與當今世界補編（上）》，頁 597-614。

104 參考唐君毅訪問，〈忍心見中文衰萎下去？〉，《明報月刊》第 3
　　卷，第 1 期（1／1968）：76-77。

105 唐君毅，《中華人文與當今世界補編（上）》，頁 441-448。

甚至主張學校應對學生開放，允許學生出席或列席學
校的高層會議。[106]凡此，均對香港日後得以轉型為一
文明和開放的社會起着一定的促進作用。

　　惟任何理念的實現，前提是有讓這些理念得以實
現的空間；一旦辦學的自主權受到制約，教育理念的
落實亦會遇上困難。如前所述，中大在創校時原使用
聯邦制。這一制度一方面讓三所共同組成中大的院校
的畢業生能夠得到為政府承認的大學學位，從而在就
業上獲得更大保障；另一方面則使各院校在行政上能
保持獨立，藉以繼續實踐各自的教育理想。明顯地，
這一制度兼顧現實和理想，其正好符合唐君毅的教育
理念。但在六十年代末，專責就大學撥款提出意見的
「大學教育資助委員會」即指示中大須加強大學中央
的權力，減少三所院校間的資源重疊，從而提高教學
效率。若中大未能改革，委員會建議中大的資源應被
削減約四分之一。是以，時任中大校長的李卓敏博士

---

106 有論者即言新亞書院內各種行政性質的會議均比較民主，認為此
　　做法實開日後中大學生參政之先聲。詳見朱明倫，〈敬悼唐君毅
　　先生〉，收入《紀念集》，頁 240-243。

（1912-1991）乃於 1970 年 4 月 15 日在農圃道新亞書院禮堂內，向全體新亞教職員解說中大將統一分配三院校的資源，以應對上述委員會的建議，其並於 1974 年 2 月委任時為新亞書院校長兼輪任中大副校長的余英時出任負責處理改制事務的「教育方針與大學組織工作小組」主席。為了符合學院對加入中大時的期望和應對大學改革的要求，工作小組就大學制度改革作出一系列建議。有學者把相關建議概括如下：

> 工作小組前後共舉行六十次全體會議，多次分組會議，最後於 1975 年 7 月發表總結報告。小組之基本立場，是中大應維持其聯邦體制。在贊同大學發展之同時，亦有意加強書院之權能與角色，而達到此目標的手段，則是小組所提出的「學系整合」。做法是使分散在三間成員書院的相同學系結合，並使之歸屬於同一書院。整合的模式有三種：一是「學院本位制」，乃將書院（college）變為學院（faculty），例如新亞掌文科，崇基主理科（或社會科學），聯合則發展社會科學（或專業學科）；二是「學系本位制」，亦即將整合後之學

系劃歸某一書院，但書院仍然保持全科性之書院
傳統；第三種「學科本位制」，是前述二者的居間
折中，做法是將學系整合後，將性質相近之學系
依各書院原有之傳統撥歸各書院，但不硬性使之
成為性質相同之學院。如崇基一方面以理科為
主，同時可保有音樂及宗教兩系。工作小組對這
三種模式之取捨無一致意見，惟贊成「學科本位
制」者佔最多數。

除「學系整合」外，工作小組還於報告書中提
到「教師治校」的基本原則，蓋大學之首要任務
為教學與研究，此等活動均以教師為主體，故大
學所有之發展計劃與重大校務之決定，應有教師
參予。工作小組特別認為大學之「行政與計劃委
員會」有可議之處，該委員會之成員均為大學內
之行政首長，而無教師代表，在組織上使教學者
之觀點不易充分傳達，以致行政與教學難以最大
程度之配合，有時教學及研究之需要，每因行政
之理由而未獲應有之重視。[107]

---

107 張德勝，〈制度的沿革〉，收入《邁進中的大學：香港中文大學

　　事實上，隨着中大在馬料水的校園建設陸續完
成，新亞、崇基和聯合等三所院校亦於 1973 年完成
遷校過程，並集中在中大馬料水校園授課。因此，中
大當時已有跨院合作和資源重整的趨勢。[108]在這一意
義下，統一制可說是該趨勢下的進一步延伸。由於中
大改制須要修改大學條例，身兼中大校監的時任港督
麥理浩爵士（Sir Murray MacLehose，1917-2000）在
1975 年 11 月成立「香港中文大學調查委員會」，並
委任在中大創立時即負責籌組工作的富爾敦勳爵
（Lord John Fulton，1902-1986）為主席，進一步檢討
由上述「教育方針與大學組織工作小組」提出的建
議，並於翌年發表《香港中文大學調查委員會報告
書》（以下簡稱「富書」），建議中大採取統一的行政
結構，以取代原來的聯邦制。大學中央負責包括教
務、財務、人事和課程設計等議題，書院則負責為學

　　三十年》，頁 57-82，引文則見頁 61-62。
108 陳方正編，《與中大一同成長：香港中文大學與中國文化研究所
　　圖史 1949-1997》，頁 68-69。

生謀求福利和提供住宿及膳食等事宜。[109]惟書院既不擁有如教務、財務、人事和課程設計等自主權,則新亞的教育理念在什麼程度上仍能繼續遂為一惹人關注的問題。

的確,唐君毅在中大創立時即擔心新亞書院的理想或不能持續。究其原因,是他認為新亞書院的辦學自由將或多或少受中大校方乃至政府官方所限制,以致新亞面對的處境亦會與原初創校時不同。唐君毅明言,新亞書院若不加入中大,則中大創立後將有新一批的大學生出現,屆時由新亞畢業的學生將更難在就業市場上與人競爭,新亞書院亦難以吸引學生就讀。長遠而言,新亞書院將難以繼續在香港生存。為了以上各種實際的考慮,唐君毅承認新亞書院不得不加入中大。此所以他言新亞書院在理念上實與崇基學院、聯合書院和中大沒什麼聯繫,新亞書院加入中大可謂純粹被動。[110]但加入中大後,不同院校難免在某些做法上被統一起來。因此,各所院校的教育勢趨形式化

---

109 以上一段有關中大改制的重點,詳見張德勝,〈制度的沿革〉。
110 唐君毅,《中華人文與當今世界補編(上)》,頁 597-614。

和機械化。如何一方面能擁有官方承認的地位，另一方面能保持私人辦學的活力？唐君毅認為，保持聯邦制是一可行的方法；[111]但據他的理解，改制後的中大在實質上卻與統一制無異。[112]由此，即帶出他與中大之間的分歧。

　　依當時新亞書院校董會的理解，中大所行的聯邦制應如牛津或劍橋大學的方式，即每間學院或書院雖是大學的組成部分，但每一學院或書院均有其相對獨立的財政、行政和風格。但根據中大的改制建議，改制後的書院乃如同大型宿舍。[113]因此，新亞書院校董會於 1976 年 9 月致書港督麥理浩爵士，指出董事會認為聯邦制和統一制在教學上的分別，曰：

　　　　現在中大各基礎學院各為一規模較小之 Liberal

---

111 唐君毅，《中華人文與當今世界（下）》，頁 168-177。

112 唐君毅，《中華人文與當今世界補編（上）》，頁 620-621。

113 參考〈新亞書院董事會對富爾敦報告書之意見（中文譯本）〉，尤見第十一點和第十五點建議。收入《新亞書院董事會對富爾敦報告書及一九七六年香港中文大學法案之意見及有關文件續刊》，頁 3-6。

Arts College，其優點即在同一機構中，由同一教師，教學生以同一學科。師生有親切之關係，教師在教學科時，對於學生之才能與造詣，有清楚之認識，而因材施教，在灌輸知識而外，復有「富書」所重視之啟發與誘導之作用。同時因為學科教師之學術造詣，得學生之信仰，亦可使其在品格上獲得薰陶。此種「教學科」與「教學生」之合一，以及教學與訓導之合一，亦即智育與德育之合一，實為各基礎學院在現制下之最大優點。「富書」為欲削減各學院之職能，主張將教學科與教學生分為兩截，使大學專教學科，而將學學科之學生不加教育，一委之於學院，造成兩個本位，而未能指示如何使之合一。其實既分兩截，亦無法合一。在大學方面，擔任學科之教師，只以教書為職責而不教人，自然與學生疏遠，不察其才能，不能因材而施教，教學之結果，自難如理想。而在各學院，僅分配一部分之教師，惠施輔助教學，地位如補習教師。此等二流教師，在學識上難獲學生之信仰，在學術上未必能發生「富書」所指望之誘導作用。如更欲使此等不獲學生

信仰之二流教師，兼負品格教育之責任，並希望
其發揮學院之傳統特性，實屬一種空想，無法實
現。如此建議，若立法加以實施，勢必流為具
文，而各學院現有之優點，亦將隨其在聯邦制下
之獨特地位同時喪失。從此「統整人格」之大學
教育，將為「分裂人格」之大學教育所替代，實
為一悲慘之結局。豈美妙文詞與理想所能掩
飾？[114]

　　惟中大改制既已勢在必行，故包括唐君毅在內的
九位新亞校董遂於同年 12 月辭職，並言中大改制的
是非功過只好「訴諸香港之社會良知與將來之歷史評
判」，[115]而唐君毅則回到位處農圃道的「新亞研究所」

114 〈新亞書院董事會上香港總督麥理浩爵士書〉，收入《新亞書院
　　董事會對富爾敦報告書及一九七六年香港中文大學法案之意見及
　　有關文件續刊》，頁 9-10。

115 〈新亞書院董事辭職聲明〉，收入《新亞書院董事會對富爾敦報
　　告書及一九七六年香港中文大學法案之意見及有關文件續刊》，
　　頁 16。其時新亞書院董事會的成員除唐君毅外，尚有董事會主
　　席李祖法，以及成員錢穆、吳俊升、沈亦珍、劉漢棟、郭正達、

以繼續他的教育理想。

　　蓋新亞書院自成立以來，除了為華人社會所關心，亦引起了國際團體的注意，當中包括美國的亞洲協會（Asia Society）、雅禮協會（Yale-China Association）和哈佛燕京學社（Harvard-Yenching Institute）等。事緣於 1953 年，主持在港亞洲協會的艾維（James Ivy，1919-2006）得悉新亞書院的辦學理念後，即表示願意提供協助；同年，耶魯大學歷史系主任盧鼎教授（Prof. Harry Rudin）代表雅禮協會拜訪錢穆，及後亦表示雅禮協會願資助新亞書院，以延續該會在亞洲地區幫助發展教育的傳統。因此，錢穆乃建議成立一研究所，讓有志繼續探究中國學問的年輕人有一深造機會。在兩個組織的幫助下，新亞書院乃租太子道一校舍以設立新亞研究所，並由錢穆兼任所長。惟當時研究所的規模尚小，未有公開招收研究生。至1955 年，哈佛燕京學社賴世和教授（亦譯雷少華，Edwin O. Reischauer, 1910-1990）來港訪問錢穆，表示學社願意對研究所提供協助。是以，研究所遂有經

徐季良和任國榮等諸位先生。

費招收研究生和購買圖書，並出版《新亞學報》以向
國際學界交待研究所的學術成績。[116]到 1956 年新亞
書院遷至農圃道校舍，研究所亦一併搬至該處，一直
至今。新亞研究所初辦時由錢穆兼任所長，至錢穆於
1965 年正式自中大辭職，乃由新一任新亞書院校長
吳俊升兼任所長；到吳俊升於 1969 年退休，則由唐
君毅接任所長。事實上，自新亞書院加入中大，新亞
研究所即成為中大的一部分。但隨着中大在 1967 年
設立「中國文化研究所」，唐君毅已憂慮兩個研究所
終會出現內部競爭，而新亞研究所將在這一競爭中處
一劣勢；[117]適值新亞書院與中大的關係漸趨緊張，加
上唐君毅亦於 1974 年屆滿中大的退休年齡，故新亞
書院董事會乃決議研究所由該年 7 月開始脫離中大的
編制以獨立辦學。[118]至此，新亞研究所亦被唐君毅視

---

116 以上有關新亞研究所的創辦經過，詳見錢穆，《八十憶雙親・師
　　友雜憶》，頁 288-294。另見廖伯源，〈錢穆先生與新亞研究
　　所〉，《國文天地》第 33 卷，第 1 期（6 / 2017）：56-68。
117 余英時，〈回憶與期待〉。
118 廖伯源，〈錢穆先生與新亞研究所〉。

為實踐他教育理念的最後希望。誠如謝廷光回憶：

> 一九七五年，他〔唐先生〕從台灣講學回來後，我就跟他說：「現在你已經退休啦，也可以把新亞研究所的事情放下了吧，為什麼還要繼續呢？」他就說：「研究所現正在患難當中，我要跟研究所共患難。」當時的新亞研究所剛脫離中文大學，獨立成家，一切都還沒有基礎，正處於風雨飄搖之中。唐先生就說：「不能離開研究所，要跟研究所共患難。」在那些日子當中，他為研究所的事情，實在用心不少。到台灣、日本各地開會，多方找尋援助，要為研究所的前途打好基礎，他希望研究所有發展，能培養出一批真正有承擔文化理想的精神的知識分子，以達成最初創辦新亞書院的理想和目標，這也是唐先生和一些從大陸出來的知識分子所抱持的理想和目標。[119]

---

119 謝廷光，〈先夫唐君毅先生二、三事〉，收入《紀念集》，頁 628-632，引文見頁 630-631。

　　不少論者便提及唐君毅在他最後的歲月還是托人
處理研究所的事宜，[120]甚至為研究所四出籌募經費以
助其能作長遠的發展，[121]足見他對研究所的期望是何
等殷切。誠如唐君毅強調，不同的制度實反映不同的
理念。[122]因此，中大改制一事本不應循個人利益或私
人是非的角度來了解。惜制度上的改變難免涉及人事
糾紛和感情因素，以致理念上的衝突反而容易為人所
忽視。前文述及中大為了處理改制一事於 1974 年成
立「教育方針與大學組織工作小組」，並委任時為新
亞書院校長兼中大副校長的余英時擔當小組主席。作
為新亞書院校長，余英時一方面要捍衛新亞書院的理
念；作為中大副校長，他要顧及大學的立場。由於唐
君毅已於同年從中大退休，故新亞書院哲學系的系務
亦改由經他在美國招聘來港任教的劉述先（1934-

---

120 牟宗三，〈悼念唐君毅先生〉，收入《紀念集》，頁 22-28；孫國
　　棟，〈一位最堅貞的中國文化衛士——記君毅師病中二三事〉，
　　見同書，頁 227-230；趙潛，〈哲人風範永留人間——敬悼君毅
　　師〉，見同書，頁 376-381。
121 參考劉國強，《全球化中儒家德育的資源》，頁 312。
122 唐君毅，《中華人文與當今世界補編（上）》，頁 441-448。

2016）主持。因此，向中大表達新亞立場的重任乃
落在余、劉兩位身上。但「教育方針與大學組織工作
小組」向大學提交的建議既不獲接納，劉述先就哲學
系的發展方向亦與唐君毅有異，故新亞內部遂現分裂
的跡象。討論至此，我們遂有必要解釋唐君毅和劉述
先兩位在改制一事上的分歧，因這實涉及吾人對中國
哲學的特色及其前途的認知等關鍵問題；若未能把握
這些關鍵問題則直接討論唐、劉等人在改制過程中的
言行，或容易把本具客觀意義的理論問題簡化成純粹
主觀的人事糾紛。如此，對我們了解唐君毅在港事業
的價值可謂全無益處。

哲學的理解

查中國思想能否稱為「哲學」（philosophy），以
致世上有沒有一種東西可謂「中國哲學」，本身即在
學界惹起爭論。勞思光便指出，吾人若僅循某一傳統
對「哲學」一詞的理解以衡量其他傳統的思想，則一
傳統的人固然可以聲稱其他傳統沒有「哲學」；惟我
們若是先對不同傳統的思想作出了解，再重新豐富
「哲學」一詞的定義，則不同傳統固然均可有所屬

「哲學」，問題只是彼此的「哲學」有着不同特點。[123]
若據後一種對「哲學」的理解，中國自然亦有「哲
學」；只是相對西方哲學傳統強調對吾人自身和客觀
世界作出認識的一點而言，「中國哲學」的特色更是
希望幫助吾人改變自己和改變世界。是以，他繼言
「中國哲學」是一種為吾人指引改變方向的「引導性
哲學」（orientative philosophy），若用儒家的述語言
之則可稱為「成德之學」。[124]既涉及改變，必有一方
向。唐君毅即認為在書院制下老師是學生的榜樣，其
當能為學生指引一方向，使後者可以成為一人物。此
所以〈新亞學規〉第十三條有言：「課程學分是死的，
分裂的，師長人格是活的，完整的。你應該轉移自己
目光，不要儘注意一門門的課程，應該先注意一個個
的師長。」足見書院制的核心不離前文所述「人學」
的理念：教育的目的是要幫助學生建立健全的人格以

---

123 勞思光，《思辯錄：思光近作集》（台北：東大圖書公司，2003），
　　頁 1-37。

124 勞思光，《危機世界與新希望世紀：再論當代哲學與文化》（香
　　港：中文大學出版社，2007），頁 119-128。

成為一優秀的人才。但要達到這一目的卻不能僅是依
賴知識的傳授，亦要憑藉人格的薰陶。新亞書院這種
教育理念與傳統中國文化重視身教並無二致，可說是
一種非常古典的教育方法。可是，這種教育方法亦容
易顯生一問題：學生容易過份依賴老師，以致失去個
人的特性，甚至養成服膺權威的性格。[125]勞思光即明
言，新亞書院的學風是崇拜宗師；[126]有論者亦言唐君
毅等先生雖在學問和人格上能作學生的表率，惟不少
學生卻走不出老師的影子而終未能成為獨當一面的人
物。[127]如以上觀察有一定準確性，則這種教育方法當
有不利學生培養健全人格的風險。若是，便與新亞書
院的教育理想背道而馳。明顯地，新亞書院的教育若
要成功，老師的質素是關鍵：老師一方面能成為學生
的榜樣，另一方面卻不可對學生構成干預。當中難

---

125 參考勞思光，《文化問題論集新編》（香港：中文大學出版社，
　　2000），頁 105-111。

126 參考〈從崇基哲宗系到中大哲學系：勞思光教授訪談錄〉，頁
　　14。

127 吳森，〈論治哲學的門戶和方法——兼論中國哲學界唐、牟、方
　　三大師〉，《哲學與文化》第 4 卷，第 2 期（2 / 1977）：2-13。

度，可想而知。

　　事實上，劉述先便認為上述依賴老師甚至大師的做法沒有保證，教育的成效不能取決於個人，而應取決於制度。因此，他坦言新亞書院在唐君毅退休後的困境是如何建立一客觀制度，從而讓學生能在這一制度下各自尋找自己的方向。如他言：

> 我到中大接掌系務，立即殫思竭慮，著手課程與系務的改革。在過去，有唐牟等大師坐鎮，學生在精神上有向心力，即使架構組織不怎麼健全合理，問題也不大。但大師隱退之後，我們沒有他們的長處，卻保留了他們的短處，不需要多少時間，整個系就會垮下來。〔……〕我把系務完全公開，經過大家充分的討論以後付諸實行，有事責任由我承擔。學生則可以追隨自己的興趣，自由選自己的導師。這與以往的家長制大異其趣。向道的熱誠遞降，求學的興趣遞增，漸漸轉化成為一個多元的體制，人人參與，和而不同，卻仍

然具有推展哲學理想的共識。[128]

　　循以上角度觀之，中大改制無疑有其必要。的確，余英時便提醒時人不要把新亞和中大在改制上的分歧放入一正義和邪惡的套路中來了解；[129]劉述先亦強調當時只是各人對情勢有不同的判斷而作出了不同的做法。[130]簡言之，新亞與中大之爭在本質上只是彼此對大學長遠發展和教育理念有着不同的看法而已。[131]惟必須指出，帶有家長式的教育雖會對學生的成長構成干預，但放任式的教育是否即有助學生成長，這一點同樣值得思考。勞思光即記述劉述先自言他的做法是「無為而治」，對各種問題並不表示特殊

---

128 劉述先，《傳統與現代的探索》（台北：正中書局，1994），頁
　　112-113。

129 余英時，〈有感於「悼唐」風波〉，收入牟宗三、徐訏等著，《唐
　　君毅懷念集》，頁 209-219。

130 劉述先，《傳統與現代的探索》，頁 126。

131 關子尹，〈永懷教澤——記劉述先先生二三事〉，收入鄭宗義編，
　　《劉述先先生紀念集》（香港：香港中文大學哲學系，2016），頁
　　81-84。

的立場。以上做法的好處是讓學生能夠選擇最適合自己的道路，自由地追求各種學問；但代價卻是師生的理想性有所退減，以致學校容易只培養專家學者，卻不再對諸如人的價值和文化發展等問題提出指引。[132]以上情況若放在中國哲學的脈絡下觀之，問題當更為嚴重：中國哲學容易淪為客觀的知識和理論，卻失掉了助人變化氣質和使社會移風易俗的功能。若是，則中國哲學作為一種「引導性哲學」的特性便會遭到破壞。[133]唐君毅對吾人當如何看待哲學，即有類似意見：

> 人們之要學哲學或研究宗教，通常皆有一求確定信仰與得安身立命之地的動機。在承平之世，一個人可以一生，坐在書齋，客觀研究各家學說，加以體玩欣賞，到一生一世，而自己無任何確定信仰。一純粹的哲學史家，亦可作哲學家之考證，寫哲學思想之發展史，講來頭頭是道，而

---

132 詳見〈從崇基哲宗系到中大哲學系：勞思光教授訪談錄〉。
133 勞思光，《虛境與希望：論當代哲學與文化》，頁 19-24。

他自己則什麼哲學都不信，亦不另有所信。然而
這不是人——尤其不是在此艱難困苦的時代的
人——研究哲學與宗教之原始動機與終極目的。
人之研究哲學與宗教之原始動機與終極目的，畢
竟在解決其在生活中所真切感到的問題，以使其
生活有一最後的安頓寄託。[134]

其認為世道愈是混亂，從事哲學工作的人當愈有
責任撥亂反正。[135]牟宗三的例子當可幫助說明此點。
蓋循畢業於新亞研究所、後任教於中大哲學系的陳特
（1933-2002）回憶，他在美國留學時曾寫信予牟宗三
分享留學感受，其中有言：

我當年曾經寫過一封信給牟先生，結果令他有
點不快。我說我到美國之後，看不到像他和唐先
生那樣的大師，只看到一些很有學問的學者。但

134 唐君毅，《人文精神之重建》，頁 562-563。
135 唐君毅，〈致張鍾元〉（1967 年 10 月 6 日），收入《書簡》，頁
　　237-238。

他們有個長處，便是很尊重學生的自主性。每個學生都可以暢所欲言，說出自己的觀點，甚至在堂上公開駁斥老師的觀點。我曾見過這樣的故事。當時有個學生用甲老師的觀點去駁斥乙老師，然後在下一課則用乙老師的話駁斥甲老師。美國的學生就是這樣學到很多東西，因為他們的老師不會因此而發怒。牟先生回信給我，說他有點不開心。他認為他們教書的方式與美國不同，因為那時國家處於生死存亡，教書不是坐在梳化椅上風花雪月，而是關懷、是生命和學問，所以要嚴厲一點。

按陳特的理解，牟宗三一輩的學者並不只是把知識傳給學生，而是希望學生的生命能與他們相契。[136]誠然，身處太平盛世的學人當有自由探討各種學問的空間，惟唐君毅和牟宗三等先生既認為他們正身處文化出現危機的時代，故反對以一種所謂純粹客觀的態

136 以上引文和觀點，參考劉國英、周保松編，《夜闌風靜人歸時：陳特老師紀念集》（香港：從心會社，2005），頁45。

度來討論學術，而是認為吾人該從學術之中尋找正確的價值觀以對治時弊，而這才是新亞書院強調中國文化的原因。因此，讓學生自由討論學問固然重要，但討論的結果必須能為人們和社會提供價值上的指引；否則，縱使學生能自由討論問題，但這種自由亦無異於虛無主義。簡言之，有目標而無空間，學生固然難以成長；但有空間而無目標，學生亦不必即可成長。只有目標和空間兩者兼備，一學校才能培養真正人才，一地方才能成就優秀文化。在評論當時新亞與中大的教育方針時，兩種方針的利弊均應有所認識，吾人才不致一面倒地偏向任何一方。

關係的破裂

事實上，唐君毅在晚年即批評香港雖有自由，但港人除了利用這些自由以使物質生活變得舒適以外，卻未能利用自由以建構更高的價值，批評香港的自由只是討了英國的便宜，港人根本未曾為本地的自由作過奮鬥，故對香港始終欠缺責任和感情；新亞書院則代表一理想，但這一理想已漸為人忘記，甚至再次提出這理想亦會為人詬病和諷刺，直言對當時的處境感

到疲倦，對未來感到悲觀。[137]中大既屬於香港，哲學系又屬於中大，則中大和哲學系的情況當然不能從香港的大環境中掙脫出來。此所以勞思光言中大在改制後似未有表現明顯的文化理想，對香港社會的發展未有起着引導性的影響或喚起任何的思潮；[138]哲學系的情況亦然。[139]假如勞思光的觀察正確，則當年中大的改制當屬有利有弊。也許任何的制度均有其優點和缺點，問題的關鍵是當時的時代究竟需要怎樣的制度。若是，則中大改制一事的得失便須放置在一更為宏觀的視野下觀之，而不能僅由少數人定奪；但當年的改制牽涉極多人事問題，並觸動不少人的情緒，這一點卻可以肯定，而這亦幫助我們了解唐君毅是懷着什麼心情在港渡過他的最後歲月。

　　從現存資料所見，新亞和中大在改制一事上曾鬧

---

137 唐君毅，《中華人文與當今世界（下）》，頁 163-167；唐君毅，《中華人文與當今世界補編（下）》，頁 522-528。

138 勞思光，〈中國文化研究與整合〉，收入《邁進中的大學：香港中文大學三十年》，頁 85-109，尤見頁 108。

139 參考〈從崇基哲宗系到中大哲學系：勞思光教授訪談錄〉。

得非常不快，如前文所述九位新亞書院董事辭職一事，便觸發八十多位新亞同學和校友在《明報》聯署名為「人之尊，心之靈」的告示，表示支持各董事的決定。[140]惟少數人的支持亦惹來為何大部分新亞師生未有支持母校的質疑，認為在公義和私利之間大多數人還是選擇了後者；[141]又如劉述先認為新亞書院在加入中大後既成為現代大學的一部分，唐君毅乃不宜把含有政治色彩的文化立場帶入校園，又質疑唐君毅發動輿論攻擊支持和負責改制的人士，[142]甚至認為唐君

---

140 聯署內容見唐端正編撰，〈年譜〉，頁 215-216。

141 徐訏，〈憶唐君毅先生與他的文化運動〉，收入《唐君毅懷念集》，頁 147-158；徐訏，〈「評徐」與「悼唐」：一封給徐東濱的公開信。兼陳李祖法、錢賓四、吳士選三位先生〉，見同書，頁 159-187；唐安仁，〈伯伯〉，收入《紀念集》，頁 633-651，尤見頁 649。

142 劉述先，〈香港中文大學哲學系與我〉，收入劉國英、張燦輝編，《修遠之路：香港中文大學哲學系六十周年系慶論文集·同寅卷》，頁 19-30；劉述先，《傳統與現代的探索》，頁 119-120。余英時便言唐君毅曾找學生貼大字報攻擊他，見李懷宇，《余英時訪問記》（台北：允晨文化，2022），頁 213。惟在中大改制時正就讀新亞書院的劉國強老師曾對筆者言，當年新亞的同學貼大字

毅懷疑其人格而寫信與之絕交；[143]再如余英時是新亞出身，劉述先是唐君毅聘請來新亞任教，但兩人卻因未能和唐君毅抱同一立場而被當時同情新亞的人士稱為大、小叛徒；[144]唐君毅私下則言對曾寄予希望的新亞師生竟獻媚權貴感到「寒心」，又批評崇基、聯合和中大高層唯港府的決定馬首是瞻，怒斥各人為「洋奴」；[145]至於余英時和李卓敏兩先生則在改制一事塵埃落定後相繼離開香港，[146]以致身為歷史學家的余英時在談到當中經過時竟言「讓這些往事永遠從記憶中

報聲援唐君毅等全出於自發，非受任何人的鼓勵，認為唐、余等先生在這一問題上只是誤會而已。

143 劉述先，《傳統與現代的探索》，頁 121。事實上，當時不少人即對絕交信一事極為側目，見吳森，〈文化意識長存道德理性不朽——敬悼唐君毅師〉，收入《紀念集》，頁 345-350；趙潛，〈哲人風範永留人間——敬悼君毅師〉。筆者曾親聞劉國強老師言，謝廷光在唐君毅逝世後即把此信銷毀，藉以保存眾人的名聲。

144 劉述先，《傳統與現代的探索》，頁 119-120。

145 以上評語，分別見唐君毅，〈致王家琦〉（1976 年 6 月 20 日）、（1977 年 12 月 14 日），收入《書簡》，頁 481-482、489-490。

146 陳方正編，《與中大一同成長：香港中文大學與中國文化研究所圖史 1949-1997》，頁 70-71。

消失了最好」，[147]足見當年改制一事對當事人所做成
的傷害是如何嚴重。

　　事實上，唐君毅自言他做事總希望兼顧各方，結
果卻是各方也兼顧不到。因此，當錢穆多次要求他繼
任新亞書院校長一職時均為他拒絕，因其自問性情實
不適合擔任行政的工作。[148]但唐君毅最後卻要負責處
理新亞和中大的分歧，並出任新亞研究所所長至逝
世，[149]期間所承受的心理壓力可謂鉅大。牟宗三即對
唐君毅當時的處境有以下看法：

　　　　唐先生對於新亞感情特深，近十幾年來，其生
　　命幾全部耗費於新亞。而新亞之作始以及其後來
　　之發展本駁雜不純；人事，口舌，是非，恩怨，
　　又極多。唐先生身處其中直如處煉獄，其心身之

---

147 余英時，〈有感於「悼唐」風波〉，收入牟宗三、徐訏等著，《唐
　　君毅懷念集》，頁 209-219，尤頁 209。
148 詳見唐君毅，《致廷光書》（台北：台灣學生書局，1990），頁
　　386、388 和 398。
149 謝廷光，〈憶先夫唐君毅先生〉，收入《紀念集》，頁 568-615，
　　尤見頁 596。

受傷可想而知。[150]

　　並認為唐君毅實是因各種人事糾紛而傷心致
死。[151]的確，唐君毅在 1966 年即發現左眼有疾，故
長時間只能依靠右眼從事寫作和閱讀；[152]加上在 1976
年證實患上肺癌，以致在新亞研究所登上樓到課室上
課亦感辛苦。[153]因此，唐君毅可說是在一極艱困的情
況下從事研究和教學，以圖延續他的文化理想。他在
1978 年 1 月 18 日於新亞研究所教授《禮記》，到 20
日即因氣促而入院，至 25 日回家休養。惟在 2 月 2
日凌晨五時半突然氣喘大作，短時間內瞑目不動，對
太太謝廷光的呼喚亦無反應，送至浸會醫院時已返魂

150 牟宗三，〈悼念唐君毅先生〉，收入《紀念集》，頁 22-28，引文
　　見頁 25。
151 引述自唐安仁，〈伯伯〉，收入《紀念集》，頁 633-651，尤見頁
　　636。值得注意的，是作為唐君毅女兒的唐安仁對牟宗三的看法
　　表示「一點也不懷疑」，足見唐君毅的至親對他是傷心致死一事
　　亦有同感。
152 參考劉國強，《全球化中儒家德育的資源》，頁 314-316。
153 詳見本書第二章。

乏術。[154]由此，唐君毅即在失望和孤獨的情緒下在港
逝世；[155]隨着他的逝世，由其在香港掀起的一場以提
倡人文主義為宗旨的文化運動亦暫告一段落。當然，
我們現在之所以說起唐君毅的事跡，不是由於他過去
曾經如何光輝或悲愴，而是他的經歷對未來有着啟
示。由此，即把本章的討論帶到最後一節。

五、對香港的啟示

　　在唐君毅逝世半個月後，勞思光曾撰〈成敗之外
與成敗之間——憶君毅先生並談「中國文化」運動〉
一文，反省唐君毅在港事業的得失。文中有言：「我
深信唐先生必希望人們對他的運動所受到的挫折失敗
能作一種檢討，也深信這種檢討對繼承唐先生遺志來
推動中國文化運動的人們，多少會有一些正面意

---

154 參考唐端正編撰，〈年譜〉，頁 235。
155 有關唐君毅晚年的心情，見唐君毅，《中華人文與當今世界補編
　　（下）》，頁 522-529；謝廷光，〈憶先夫唐君毅先生〉。

義。」[156] 認為唐君毅的經歷對往後的文化發展當有正面價值；謝廷光則言：「事情的發生，究竟誰對誰錯，都很難說。要說誰對嘛，好像大家都對；不對嘛，又好像大家都錯。總之，假如大家都對，事情也就不會發生了。」[157] 指出在唐君毅身上所發生的事情並不存在非黑即白的情況；錢穆則更寫信予接替唐君毅出任新亞研究所所長的孫國棟（1922-2013），提醒新亞書院和新亞研究所應當「一氣相通，不該相互隔離，形成敵對」，認為兩者加強合作才是使彼此能繼續發展的正途。[158]因此，現在的關鍵乃是我們有否吸取過去的教訓以為未來指出一發展方向。

　　若唐君毅在港事業的成就表現在新亞書院，而他的挫折又表現在新亞和中大的衝突上，那麼吾人如希望從唐君毅的經歷中吸取教訓，最好亦應從新亞和中

---

156 此文收入勞思光，《思光人物論集》，頁 75-79，引文見頁 77。

157 謝廷光，〈先夫唐君毅先生二、三事〉，收入《紀念集》，頁 628-632，尤見頁 629。

158 參考黃浩潮、陸國燊編，《錢穆先生書信集：為學、做人、親情與師生情懷》（香港：香港中文大學新亞書院，2014），頁 163。

大的關係說起。事實上，唐君毅的教育理想重視建立
健全的人格，其中主張學生要有整全視野和做到知行
合一，其雖然擔心新亞在中大改制後不能保持這些教
育理想，但就事實所見，這些理想卻是影響着中大的
發展。例如為了讓學生獲得整全的視野，唐君毅極重
視通識，而中大則以重視通識教育見稱。如曾長期主
理中大通識課程設計的張燦輝便明言，中大的通識課
程以達致「知識的完整與普遍性」和培育「有教養及
文化的人」為原則，並指出以上原則在一定程度上實
為唐君毅的教育理念所啟發；[159]再如唐君毅重視知行
合一，而中大師生在面對學校和社會各種重大議題
時，亦有以「新亞精神」來表達心中信念的傳統。如
在 2005 年中大曾建議絕大部分主修科目使用英語授
課以求達致「國際化」，當時不少中大師生即以新亞
書院的創校理念向校方力陳利害，終助中大放棄此一
極富爭議的建議。[160]凡此，皆見唐君毅和新亞的教育

---

159 張燦輝，《為人之學：人文、哲學與通識教育》（香港：中文大
　　學出版社，2021），頁 61-62。

160 引用新亞的情況以作論據的文章，見梁文道，〈說英文的中文大

理想實植根於不少中大人的心中，其亦一直影響着中大的教育方向。在這一意義下，我們當可言「新亞精神」未有因為新亞書院加入中大或中大的改制而消失，而是換了不同的方式繼續促進大學的發展。這一情況，亦與唐君毅強調「新亞精神」並非新亞書院所私有，新亞的同學若只把目光局限在一新亞書院之中，這無疑是新亞教育的失敗；[161]以及言自己雖對中大改制一事感到失望，但還是期望中大有遠大未來的立場相符。[162]誠如吳俊升言，唐君毅對於改制後的新亞和中大仍不減愛護的熱忱，相信他逝世後還是會默

學〉，收入中文大學校友關注大學發展小組編，《令大學頭痛的中文》（香港：田園書屋〔發行〕，2007），頁 38-41；中大學生會捍衛中大理想小組，〈我們是中大人——以歷史眼光審視語言政策〉，見同書，頁 107-111；周錫輝，〈與馬傑偉討論中大雙語政策〉，見同書，頁 123-127；莊耀洸，〈中文大學監守自盜？〉，見同書，頁 132-137；劉國強，〈意見書〉，見同書，頁 182-184；關子尹，《語默無常：尋找定向中的哲學反思》（香港：牛津大學出版社，2008），頁 188。

161 以上主張，分別見唐君毅，《中華人文與當今世界補編（上）》，頁 531-533 及 473-474。

162 唐君毅，《中華人文與當今世界補編（上）》，頁 620-621。

佑中大。[163]的確，隨着時間的過去，當年的糾紛已成為歷史。中大在 2009 年便在哲學系推動下於大學內的新亞書院校園豎立唐君毅先生銅像，並由余英時以「門人」的身分撰寫銘文，以記唐君毅的貢獻。銘文曰：[164]

> 唐君毅先生像銘
>
> 　唐君毅先生（一九零九至一九七八），四川宜賓人，幼承庭訓，以儒典啟蒙；及長游學南北，受教於歐陽漸、熊十力諸大師，遂能通儒釋之郵。先生精思明辨，出於秉賦，初治西哲之言即若鍼芥之投。所造既深，則於德意志辯證思維冥契尤多。平生以重振中國人文精神為己任，故冶舊學新知於一爐，逐層為系統之建構，堂廡開闊，階次森然：道德自我之建立，其始基也；中國文化

---

163 吳俊升，〈唐君毅教授與香港告別了〉。

164 此文現刻於銅像的基石上。另刊於余英時，〈唐君毅先生像銘〉，收入劉笑敢編，《中國哲學與文化（第五輯）：「六經注我」還是「我注六經」》（桂林：廣西師範大學出版社，2009），頁 1。

之精神價值，其全幅呈現也；心靈九境，其終極
歸宿也。先生之學與年俱進，此其明徵也。一九
四九年先生參與新亞書院之始建而首創哲學系，
迄一九七四年自中文大學講座引退，先後主持香
港哲學壇坫二十有五年；濟濟多士出於門下者，
極一時之盛。風雨如晦，花果飄零，神州哲理猶
能續慧命於海隅，先生之功莫大焉。先生講學不
忘理亂，親歷世變，慸焉憂之，於是發憤返本開
新，持孔子之教為天下倡，此海外新儒家之所由
興也。新儒家之宗旨與規模定於先生所撰文化宣
言，數十年來流佈海內外，駸駸乎與世運共升
降，不亦卓乎！明道救世，上承前哲；肫肫其
仁，垂範後昆；仰瞻遺像，永誌勿忘。

　　　　公元二零零八年歲次戊子門人余英時敬撰

　　唐君毅銅像的設立正好提醒吾人香港在文化建設
上曾有過一段不平凡的經歷，現在所擁有的成就實得
來不易；而這段經歷在人文精神日益受到挑戰的今天
尤有讓我們再次憶及的必要。

　　誠然，整全的視野使我們不致陷入偏執，從而避

免以單一角度來否定不同價值；知行的合一讓吾人不致徒具知識，更應利用良好品格引導社會作出改變。凡此，皆是健全人格的必要條件。蓋唐君毅認為，只要正確的道理得以建立，世上的歪理便會消失。由此，一切文化弊病終必得到解決。[165]因此，問題的關鍵是我們是否願意改善自己並改變世界。[166]不少論者均指出香港的自由幫助保存中國文化和吸收西方文化，[167]但從文化發展的角度而言，則不論是保存或吸收，其最終還是為了創造。誠然，香港過去的自由為此地提供了一可以發展自身獨特文化的土壤，但唐君毅仍因香港未有善用這些自由以發展更多價值而對此地感到失望。可是，他之所以對香港感到失望，也是由於他對此地寄予厚望。[168]事實上，唐君毅認為香港若能與其他文化色彩較濃的地方合作，其在未來將成

---

165 唐君毅，《文化意識與道德理性》，頁 671。

166 唐君毅，《人生之體驗》（台北：台灣學生書局，2000），頁 76-77。

167 例子見杜維明訪問，〈香港文化根基深厚前景光明〉，《明報月刊》第 47 卷，第 10 期（10／2012）：73-76。

168 參考吳俊升，〈唐君毅教授與香港告別了〉。

一典範，並能像燈塔一樣為中國大陸指引一正確的發展方向；[169]屆時人類的整體文化亦將得以改善，而香港則在這一歷程中佔有一地位。[170]因此，唐君毅寄語香港要努力從事文化的建設，如此才能克服未來的種種困境，如他言：

> 將來的世事變化，有種種可能，亦無人能預測。但在現存的局面之下，大家仍可各本良心，作人說話，安心造學問，作自己當作的事。〔……〕從長時期看，文化思想的力量，必然超過現實政治權力。政治的力量，只能改變人的身體，文化思想的力量則直接改變人的靈魂，以旋乾轉坤。[171]

也許，是這一信念推動唐君毅先生在極艱難的情況下仍堅持這場在港發生的文化運動；亦只有在極艱

---

169 唐君毅，《說中華民族之花果飄零》，頁 92-93。
170 唐君毅，《中華人文與當今世界（上）》，頁 237-239；唐君毅，《中華人文與當今世界補編（下）》，頁 522-529。
171 唐君毅，《說中華民族之花果飄零》，頁 98-99。

難的情況下吾人才知道什麼信念才是最值得我們所堅
持。[172]唐先生的經歷予香港的最大啟示,正是讓我們
知道在失望之中仍要對未來抱有希望;只要尚有希望
則一切均有實現的可能。

豎立在中大校園內的唐君毅銅像。（作者攝）

---

172 唐君毅,《說中華民族之花果飄零》,頁 50。

第二章

哲人的香港
足跡

　　如果不是唐先生，就不會有後來的香港在許多思
想方面的新的發展。

　　　　——余英時，〈唐君毅先生銅像揭幕儀式致辭〉[1]

　　誠如第一章所述，香港作為上世紀其中一個最適
合文化交流的地方，其一方面吸引了不同的人才來
港，使此地成為不少文化名人的集中地，甚至一度成
為文化的重鎮；[2]另一方面則由於不同文化的輸入，
使香港吸收了大量的文化養份，從而幫助培養不少本
地人才和孕育出獨特的本地文化。[3]近年不少論著對
這些文化名人的在港足跡作出紀錄，當中甚至包括一

1　余英時，〈唐君毅先生銅像揭幕儀式致辭〉，收入劉笑敢編，《中
　　國哲學與文化（第六輯）：簡帛文獻與新啟示》（桂林：廣西師
　　範大學出版社，2009），頁 1-2，引文見頁 1。

2　吳俊升，〈唐君毅教授與香港告別了〉，收入唐君毅全集編輯委
　　員會編，《紀念集》（台北：台灣學生書局，1991），頁 51-55。

3　參考杜維明訪問，〈香港文化根基深厚前景光明〉，《明報月刊》
　　卷 47 第 10 期（10 / 2012）：73-76。

些僅短暫逗留香港的人物。[4]惟對於曾在香港長達三十年、對此地的社會發展和高等教育提出過眾多建議和貢獻，並對此地抱有極大期望的唐君毅先生，其在港足跡卻似未得到太大的注意。[5]事實上，唐君毅在香港留下不少的經歷，我們對之當有作出整理的可能；更重要的，是部分經歷在他個人乃至對香港整體而言均有着特別意義，吾人對之亦有整理的必要。本章即嘗試把唐君毅的在港足跡整理出來，輔以他個人或其他相關人士的言論，藉以呈現這些經歷所含的意義。

　　唐君毅於 1949 年 6 月 7 日晚與錢穆和趙冰等先

4　例子見盧瑋鑾（小思），《香港文學散步》（香港：商務印書館，2019）；港識多史，《教科書不會教的 36 個香港歷史人物》（香港：亮光文化，2021）；余嘉浩、許家朗、敖子亮，《先賢之路：西貢天主教傳教史》（香港：中華書局，2021）；梁基永，《道從此入：清代翰林與香港》（香港：中華書局，2022）。

5　據 2006 年 10 月 7 日第 1978 期《明報周刊》所述，有九十年代畢業的中大新亞書院學生竟未曾聽聞唐君毅的名字，足見唐君毅在香港的受注意程度實非常有限。以上例子，收錄於《消失的地標》（香港：明報周刊，2011），頁 97。

生一起由廣州乘船到達香港；[6]抵港後首數天同住在
趙冰在香港的住宅中，惜該住宅位置未明，以致我們
未能確定唐君毅在香港的最早足跡究是在什麼地方。
從現存資料所見，唐君毅來港後曾與錢穆共同在其時
位於沙田銅鑼灣的華僑工商學院任教三個月，故該處
遂成為唐君毅來港後首個可供吾人查探具體地址的地
方。查華僑工商學院於 1947 年由港島遷至沙田白田
村，並以八角樓一帶為校址。所謂「八角樓」即何東
爵士（1862-1956）繼子何世榮的別墅「海天漁廬」
（Windermere），其又名「何東樓」。因該別墅樓頂有
八角型小亭，故時人稱「八角樓」。華僑工商學院即
在 1947 至 49 年間假該處為校舍。[7]據唐君毅的紀
錄，他在香港首住大埔的八角亭，後再遷至華僑工商
學院位於沙田白田村的宿舍。[8]因此，何東樓遂為唐

6　薛仁明編，《天下事，猶未晚：胡蘭成致唐君毅書八十七封》（台
　　北：爾雅，2011），頁 252。

7　參考黃棣才，《圖說香港歷史建築 1920-1945》（香港：中華書
　　局，2015），頁 198-199。

8　唐君毅，《日記（下）》（台北：台灣學生書局，1991），頁
　　365。

君毅在香港的其中一個最早的落腳點。

桂林街歲月

　　當然，唐君毅在港的最重要事業還是他與錢穆和
張丕介兩位先生共同創辦新亞書院。蓋新亞書院的前
身是新亞文商專科夜校，校址是佐敦道偉晴街華南中
學內的三間課室。[9]由於錢穆的名聲，學校於 1950 年
得到由上海來港的商人王岳峰捐助，並在深水埗桂林
街租下 61、63 和 65 號一幢唐樓的三、四樓單位作校
舍，學校亦改名新亞書院。上址乃同時成為錢、唐、
張三位先生的宿舍。由於唐君毅的太太謝廷光和女兒
唐安仁分別於 1949 年和 1951 年來港定居，故桂林街
遂成為唐君毅一家在港的首個居所。大軍（唐端正）
在〈六年滄桑話新亞〉一文中即對當時桂林街校園的
環境有以下描述：

　　　　學校的樓下是紡織工廠，終日機聲軋軋。對面

9　參考黃祖植編著，《桂林街的新亞書院》（香港：容膝齋，2005），
　　頁 8-9。

是一座廟會頻頻的三寶佛堂；後面是一間潮州飯店，叫賣之聲，不絕於耳；稍斜是一間絃歌不息的小舞廳。而樓梯的轉角處，亦常有難胞晏睡不起。[10]

唐安仁亦言：

凡是到過桂林街新亞書院的人，都會記得那擾攘喧鬧的環境。我們一家三人，住在向街的一個房間，開門便是當時新亞的辦公室、校務處、閱覽室、飯堂、休息室、兼娛樂室，連五歲的小孩兒都會覺得心煩，伯伯如何能寫得出那麼多文章來，的確是奇蹟。[11]

可見桂林街的校園雖為錢、唐、張三位先生以及

10　轉引自黃祖植編著，《桂林街的新亞書院》，頁 14。
11　唐安仁，〈伯伯〉，收入《紀念集》，頁 633-651，引文見頁 641。據唐安仁解釋，稱父親為「伯伯」是按謝廷光家鄉的習慣，見同篇文章頁 633。

不少流亡香港的青年提供了一暫時安頓的地方，但其
畢竟非理想的求學和做學問之地。雖然如此，唐君毅
承認在他整個的求學和教學生涯中，初期的新亞書院
是他最喜歡的時光，因為其時的師生均互相認識，彼
此生活在一人倫關係之中，認為這才是傳統中國書院
教育所嚮慕的精神。[12]事實上，從謝廷光的描述中，
唐君毅一家在桂林街確是經過了一段愉快的日子。如
新亞書院終要搬離桂林街時，謝廷光即記曰：

> 今天已是六月三十日，後天我們要搬家了。在
> 此生活了六年餘，臨別不禁依依。雖然桂林街時
> 代，我們甚窮，但窮中有樂，有我們生活的意
> 義，有時三人一同讀詩唱詞或聽毅兄講讀書為人
> 之道，我們的生活十分愉快，在擾攘的環境中，
> 我們的精神是寧靜的。[13]

---

12 唐君毅，《中華人文與當今世界（下）》（台北：台灣學生書局，
　　1988），頁 163。

13 參考唐君毅，《日記（上）》，頁 234。

　　由於王岳峰對新亞書院的資助只維持了兩個月便
告中斷，故錢、唐、張三位先生只能透過寫作以賺取
稿費，甚至以行乞的方式籌款以維持學校的運作。[14]
此外，錢穆亦到台灣募捐，最終得到時中華民國總統
府的捐助；[15]張丕介夫婦則變賣私人首飾，以支付教
員薪金和接濟學生。[16]謝廷光便記有一段與唐君毅拾
荒變賣的經歷，相信亦是發生在新亞書院在資金上最
為困難的時候，其曰：

　　毅兄：你記得嗎？我們莫有錢的時候，把空瓶
　空罐都送到收荒店去賣，本來可以賣一角錢一個
　的，但有一次送去，店家只出五分錢一個，我們

14　張丕介，〈新亞書院誕生前後〉，收入劉國強編，《新亞教育》（香港：新亞研究所，1981），頁 43-54。

15　參考錢穆，《八十憶雙親·師友雜憶（合刊）》（台北：東大圖書公司，2020），頁 274-277。在台期間，錢穆更在一次演講中為屋頂墜下的石屎擊中頭部，差點喪命。參考朱少璋編，《沈燕謀日記節鈔及其他》（香港：中華書局，2020），頁 78。

16　唐端正，〈新亞研究所之旨趣及其歷史背景〉，《國文天地》第33卷，第1期，總385號（6 / 2017）：43-51，尤見頁 48。

　　很生氣，拿着一大袋大大小小的空瓶空罐掉頭就
　　走，一不小心失手，把瓶瓶罐罐倒得滿街都是，
　　途人大笑，我們並不在乎，我們亦跟着大笑，後
　　來這件事常成我們談話的資料，覺得很有趣味。[17]

太平山經歷

　　的確，新亞書院最初數年的資金極為短缺，這情
況一直至新亞書院得到來自美國數個組織的資助後才
得以改變。相關詳情已在第一章有所述及，茲不贅
引。在 1952 年，香港大學中文系主任林仰山（F. S.
Drake, 1892-1974）邀請唐君毅到香港大學兼任教授
中國哲學，後者的經濟條件才開始改善。有當時在港
大就讀的人士把唐君毅在港大兼課的情況記錄如下：

　　廿年前我在香港大學數學系唸書時，偶然看見
　　一位蓬髮半白、顏容枯槁的中國教授拼命講解得

17　謝廷光，〈憶先夫唐君毅先生〉，收入《紀念集》，頁 568-615，
　　引文見頁 594-595。

大汗淋漓，根本不知曉他就是中文系兼任講師、
大名鼎鼎的哲學家唐君毅先生〔……〕當時大受
禮遇的教師皆提公事皮包上課，占士邦式精美小
箱尚未流行，唐先生不提皮包箱而或以報紙包些
資料來上課，加上衣履不整，遂於欣賞紳士風度
的港大，顯得極端「異相」。[18]

引文讓我們感到唐君毅在某程度上與當時崇尚西
方文化的香港有點格格不入。但唐君毅在港大兼課
後，喜歡到太平山頂遊覽甚至寫作，這一習慣不但持
續一段頗長時間，更對他個人有特殊意義。謝廷光對
此便有所記載：

不久安兒來了香港，你開始去香港大學兼課，
逢星期六你午前去港大上課，待安兒放了學，我
母女就帶給你一盒菜飯，飯後如有足夠的錢，我
們就乘纜車登太平山遊覽，若錢不多就坐電車由

18 王煜，〈唐君毅先生對香港大學與我的影響〉，收入《紀念集》，
　頁 424-431，引文見頁 424。

港大坐到東邊筲箕灣最後一站，再由筲箕灣坐到
西邊堅尼地城最後一站，站旁有一小店，售花生
和米酒，我們買些來吃，真是津津有味
〔……〕。[19]

並言：

　　我忽然想起二十八年前的事，那時你一人在
港，你常跑到這裡餐廳〔太平山餐廳〕來寫文章，
你說你有時整天亦不記得吃東西，就是抽煙喝
茶。你是把整個生命性情投注於文章之內了，我
最喜歡你那孔子與人格世界一文，就是在這個餐
廳寫成的。[20]

　　查〈孔子與人格世界〉一文於 1950 年寫成，唐

19　謝廷光，〈後序〉，收入唐君毅，《致廷光書》（台北：台灣學生
　　書局，1990），頁 293-303，引文見頁 300-301。

20　謝廷光，〈憶先夫唐君毅先生〉，收入《紀念集》，頁 568-615，
　　引文見頁 594-595。

君毅自言此文是其中一篇承載他「一生思想學問的本原所在，志業所存」的文章，並囑讀者如覺得他後期的著作難懂，可先閱讀此一帶文學性的文章來了解他的思想。[21]若是，則此文在唐君毅思想中的重要性和代表性可想而知。事實上，〈孔子與人格世界〉一文主張吾人要海納百川，力陳世上不同價值當能並行不悖。因此，現代人不應自封自限，由此才能欣賞不同價值。[22]以上觀點實為唐君毅整體思想的總綱領，他的不同著作正是在不同程度上圍繞這一觀點而立論。[23]唐君毅此文既在他初抵香港不久並在太平山餐廳內寫成，那麼文中強調吾人當有廣闊的胸襟和開放的視野，是否曾為他身處的香港環境和眼前維多利亞港的景色所啟發？這一點當可讓我們更作想像。

21　唐君毅，《生命存在與心靈境界（上冊）》（台北：台灣學生書局，1986），頁 3-7。

22　此文收錄在唐君毅，《人文精神之重建》（台北：台灣學生書局，2000），頁 210-241。

23　參考拙作 *Thomé H. Fang, Tang Junyi and Huayan Thought: A Confucian Appropriation of Buddhist Ideas in Response to Scientism in Twentieth-Century China*（Leiden: Brill, 2016），pp. 126-159.

大嶼山遊覽

　　誠然，要擴潤一己的胸襟，不能僅靠讀書和寫作。唐君毅在香港的一個閒暇活動，即是到幽靜的地方散步，藉以讓自己得以休息之餘，也能開擴心胸。唐安仁便記載一家人在香港不同地方四處遊逛的情況：

　　伯伯又常常說，一個人的胸襟，要讀萬卷書，行萬里路，才能廣大開潤。要常常與自然接觸，才能夠純真。香港這個花花世界，太小、太擠，也太人工化了。因此，伯伯盡量尋求幽靜偏僻的地方，帶媽媽與我去散心。早年家裡經濟拮据，每月還要匯款與阿婆及在大陸各處的姑姑叔叔。所以我們常常都是去不必花太多錢，便能得半天清淨的地方。牛頭角仍未發展的時候，巴士總站附近有一家小小的雜貨店。伯伯喝一杯三蒸米酒，媽媽跟我吃花生米。吃完了我們便沿着小路往山坡上去。伯伯走在最前面，一手提着一塊揩汗水的小毛巾，一搖一擺的，媽媽提着大皮包走

在最後面，皮包裡面鼓鼓地塞滿了伯伯要替換的
汗衫和手巾等。我在中間跑來跑去。我們常去的
另一個地點，是在香港筲箕灣，電車站不遠有一
個小小的海灣，岩石曲折之間，長了許多水草，
風景說不上優美；不過背着後面零亂的廢地，放
眼望出去的是海天遼闊。伯伯縱目遠眺，若有所
思。如今回想起來，此情此景，晰然在目，我說
不出那是怎麼的一種感覺。伯伯凝視大海茫茫，
似有無限的嚮往；而眉宇之間，又往往有一種難
以解釋的悲憫。在那一霎那，我覺得彷彿他也不
覺母親與我在他旁邊的存在了。[24]

　　如散步有助開擴一己的胸襟，則郊遊當是一更為
有效的方法。事實上，唐君毅喜歡與學生郊遊。從現
存的照片所見，其時新亞書院不少師生均喜歡郊遊。
為了隆重其事，師生更會穿著恤衫、西褲和皮鞋。曉
雲法師（1912-2004）便記載了唐君毅一次遊覽大嶼

24　唐安仁，〈伯伯〉，收入《紀念集》，頁 633-651，引文見頁 636-
　　637。

山的經過，其中可見他的性情和願景：

　　二十三年前唐氏夫婦曾與我們商量要到大嶼山
遊行一次；當時，我們許多同學都非常歡迎他們
上山；在我們的佛光苑招待。於是一行約有十
人。在晨間乘輪船出發，在青山海峽上，一路碧
晴天，大家甚為愉快。當時是暮春三月，當到達
嶼山東涌捨舟登岸，我們一行在東涌田野陌上，
很輕鬆地步向上山的路程：可是我與幾位較熟悉
路途的同學，擔心唐先生會不勝跋涉之艱，於是
商量請附近村莊的肩輿，但只能請到一乘；就在
此時，唐先生對我說：「快到了嗎？」我當時便和
同學們會心的一笑，心中說還遠呢。就在村莊的
石階上，我們大家坐等肩輿裝備一切，先陪我們
步行；約走數分鐘，我們覺得唐先生累了，應該
要坐了，但唐先生要讓唐太太坐，唐太太要唐先
生坐，結果還是唐先生坐了。在半山的茶亭，大
家很愉快地坐下聊聊，傍晚到達佛光苑（是學生
的道場）；晚飯後坐在門前，遠望青山海灣，重重
山海，景色無邊。這一次旅行，本來是很輕鬆愉

快的；可是在兩天後下山時，適逢下雨，在山上
又無法多請一乘肩輿（唐太太也不多走路的），但
唐先生為課務，必須如期下山，所以是日冒雨下
山之情景可說十分緊張。一乘肩輿，他們夫婦互
讓互推，結果先坐上的唐先生一定要下來，使得
抬肩輿的人也不好走路；結果，唐太太只有坐
上，而唐先生又不撐雨傘，我們的學生想替他開
傘，但山路狹小，不易行走，結果花了一個多鐘
頭才安全地下了山，到了山下，各人相視大笑。
雖然這是一位思想家一生中，極微小的事，可是
真性情的人，對眷屬，對受僱的傭人，所表達的
真性情，這不是屬於學問文章，而是性情所流
露。嶼山北岸風景殊勝（嶼山乃香港佛教聖地，
筆者早年曾置雲光園地），唐先生的門人趙潛、張
世彬先生等常到該處旅遊。該地遍植蒼松，山明
水秀，環境清淨；唐先生為關懷後學，培養深
造，常於見面時提及甚盼能在嶼山建設一所學
苑，提供青年學者作度假潛修研究之所。（唐先生
逝世前數週，趙潛先生來函，謂唐師及同學們有
意在雲光園建設房宇，作為山中安靜之處，以供

研究之用，豈料此信未詳覆，而唐先生已作
古！）。由此可見唐先生對後輩培養之用心。[25]

新亞書院師生郊遊情況，前排左一為唐君毅。（載自劉國強編，
《新亞教育》，頁 29）

中上環購書

　　除了散步和郊遊，唐君毅在港的另一重要活動是
購書，而中環石板街一帶則為他最常購書的地方。唐

安仁對乃父在港購書的情況有生動而感人的描述：

　　從小我就常常跟着伯伯跑書店。印象中最深刻的是香港中環石板街那一帶的舊書店。伯伯從來就有點氣喘，加上特別愛出汗，跑起路來最是辛苦。但是從一家書店趕到另一家書店，爬一層又一層的石板路，他一點也不在意。伯伯在書店裡就像我在糖果店裡，舊書店裡的書，滿滿的從地下直推到天花板。伯伯東翻西翻的，全神貫注，我總是無聊得很。伯伯買自己要的書，也買書給我。從我有自己的房間開始，房間裡便有好幾架書。伯伯也不指定我要看。後來媽媽告訴我，伯伯說只要房子裡有書，我遲早會自動翻看的。不出他的預料，我後來果然成了小書呆子。但是我的書呆與伯伯是截然不同的，伯伯看的書，如汪洋大海，裡面是智慧的寶藏，開啟一盞盞無盡的燈；而我看的書，只如山谷中的一抹溪水，琤琮自娛。我回港期間也曾去買書，媽媽陪我去。我們叫了車子，直開到書店旁邊，買了書又叫車回來，只不過花了一個鐘頭，實在方便。伯伯你回

　　來呵，我再跟你去爬石板路，去翻舊書攤。我現
在高大強壯，可以扶你牽你了，可是你獨自去
了，你去的地方也有書店嗎，希望沒有石板路，
不過擺脫了沉重的軀殼，你定是健步如飛，你是
否也給媽媽與我買了許多書，給我們將來看的？[26]

　　唐君毅購書除了供自己閱讀外，更是為新亞書院
搜羅書本。蓋新亞書院創校之初極為缺乏書籍，故錢
穆、唐君毅、張丕介，以及後來分別擔任新亞書院圖
書館館長的牟潤孫（1909-1988）和沈燕謀（1890-
1971）等先生乃四出購買書籍，冀能豐富學校的館
藏。憑着各人的努力，終使新亞書院由最初缺乏圖書
到後來成為當時香港其中一間擁有最多藏書的學校。
至於眾人買書的地方，便包括上環荷里活道。唐君毅
紀錄了當中的經過：

　　新亞書院初創辦時，根本沒有書，只有徐復觀

26　唐安仁，〈伯伯〉，收入《紀念集》，頁 633-651，引文見頁 642-
　　643。

先生寄存的一部《四庫叢刊》。後來才是我與錢先
生、張先生等，在荷理活道買點舊書，親自抱回
學校。其書之少，可想而知。再後才有哈佛燕京
社之幫助研究所若干購書費，開始買若干古籍。
但當時之其他地方，如歐美、新加坡等地之學
校，亦派人來香港爭購大陸流出之古書。他們出
得起高價，而新亞之購書經費極少，不能出高
價。故恆須與賣書之人，講點人情，希望他們顧
念新亞之提倡中國文化，把書賣給新亞，不要賣
給他人。現在新亞圖書館所有之古書，都可說來
處不易。當時之錢先生、牟潤孫先生與沈〔燕謀〕
先生，都盡量設法為新亞圖書館買書。〔……〕香
港圖書館藏有古籍最多的，除原有之學海書樓、
馮平山圖書館之外，二十年來，可能只有新亞圖
書館與今之中山圖書館，嘗力求古籍之保存在香
港，以免其散流外地。最近數年，中文大學圖書
館，才亦力求保存若干古籍於香港。但二十年前
新亞圖書館之搜購書籍，則特為不易。因新亞沒
有錢，不能出高價與人爭購。故新亞之圖書，最
值得珍惜。而沈先生任圖書館長十餘年之功，實

不可沒。[27]

沙田的意義

　　事實上，香港不少地方對唐君毅有着重要意義，
位於沙田的道風山即為其中一個例子。蓋民國時期著
名佛學家歐陽竟無（1871-1943）和後來成為當代新
儒家鼻祖的熊十力（1885-1968）曾激辯儒佛兩家的
利弊。由於歐陽竟無和熊十力兩位均是唐君毅敬佩的
前輩學者，故唐君毅曾分別面請他們和對方溝通，冀
兩人能減少誤解。惜唐君毅的努力未能成功，歐陽竟
無和熊十力兩位始終沒有直接溝通以化解分歧。唐君
毅由此反省為何兩位前輩的觀點均各有道理，但道理
之間卻似難以並存，遂激發他思考用以融通不同思想
的方法，[28]並終發展出後來借鑒佛教判教的方式以融

27　唐君毅，《中華人文與當今世界補編（下）》（台北：台灣學生書
　　局，2014），頁 651-654，引文見頁 653-654。
28　唐君毅，《生命存在與心靈境界（下）》，頁 480-481。

通不同思想的一套哲學：「心靈九境」說。[29]值得注意的，是唐君毅在香港實再有類似經驗，其即是他應信義神學院邀請到沙田道風山的一次演講。唐君毅雖未有指出該演講的確切年份，惟他明言其時道風山的老院長是一挪威人，曾在湘西傳教長達三十多年。如此，則這位老院長無疑是畢生致力溝通耶佛兩教的基督教傳教士艾香德（Karl Ludvig Reichelt，1877-1952）。[30]因此，這次演講當是在 1952 年或之前。據

29　事實上，在說明道德經驗如何可能的這一方面，儒家無疑在唐君毅的思想中扮演最重要角色。在這一意義下，他固然可說是當代新儒家的一位人物。惟在融通不同思想的這一方面，佛教才是在唐君毅的思想中起着最關鍵的作用。因此，我們不能以唐君毅是當代新儒家而排斥他對其他學說的看法；反之，正是他吸收了不同學說的優點才得以發展出一套有別於傳統儒家的學說。詳見拙作 *Thomé H. Fang, Tang Junyi and Huayan Thought: A Confucian Appropriation of Buddhist Ideas in Response to Scientism in Twentieth-Century China*, pp. 191-197.

30　艾香德與當代高僧太虛法師（1890-1947）是好友，對傳統中國文化亦有着頗深的認識，其逝世後即安葬在道風山的墓園之中。學界對艾香德有大量研究，詳見侯坤宏，《論近代香港佛教》（香港：香港中文大學人間佛教研究中心，2021），頁 293-355。

唐君毅的回憶，艾香德在他演講前祈禱上帝幫助他演講，並幫助聽講者能有所得益。唐君毅自言「在此夜間的山上之靜穆莊嚴的神學院中，聽了這幾句話，卻使我生無限的感動」，並得出以下反省：

> 　　實際上各種宗教徒之彼此間，及他們與我們之間，是不同的。如要談道理，一直追溯上去，是總有不能相喻之處，而說不下去的地方的。則大家雖相聚於一堂，而同時是天淵懸隔。這當是一永遠的悲哀。但是我知道在真正虔誠的佛教徒心中，他會相信我最後會成佛，因為一切眾生皆可成佛；在真正虔誠的基督教徒心中，亦會祈禱我與他同上天堂的。而我則相信一切：上了天堂成佛的人，亦還要化身為儒者，而出現於世。這些不同處，仍不是可以口舌爭的。在遙遠的地方，一切虔誠終當相遇。這還是人之仁心與人仁心之直接照面。此照面處，即天心佛心之所存也。[31]

31　唐君毅，《青年與學問》（台北：三民書局，1992），頁 131-132。事實上，唐君毅發表這段文字的時間為 1954 年，故事件

如果歐陽竟無和熊十力兩位先生之間的情況促使
唐君毅反省儒、佛當如何融通以並存，則道風山的經
歷便更刺激唐君毅思考無神論和有神論之間可如何並
存，甚至是東方文化和西方文化之間當如何融通。至
於這一並存或融通之道，也許並非取決於客觀的哲學
理論，而是有賴每人的修養工夫。若是，則道風山的
經歷對唐君毅日後建構其龐大的思想體系可謂不無幫
助。

此外，對唐君毅有着特殊意義者還包括同樣位於
沙田的慈航淨苑。由於唐君毅的母親陳卓仙女士在
1964 年 2 月 26 日在蘇州離世，故唐君毅於同月 28
日到新界訪尋佛寺冀能為亡母設一靈位，並終把靈位
設於慈航淨苑。當時樂果法師（1884-1979）為設靈
開壇說法，錢穆和吳俊升兩位先生則主持祭禮，出席
者逾三百人。唐君毅隨即在淨苑守靈九日，夫婦兩人
及後亦經常到淨苑上香拜祭。[32]唐君毅對在慈航淨苑
為母親設靈一事有以下描述：

中提到的挪威傳教士當為艾香德無疑。

32　參考唐君毅，《日記（下）》，頁 9。

正月十六與李國及趙潛二君，趨車至新界數廟
宇，擬擇一以設靈位，吾母因信佛，亦嘗在港小
住，沙田乃母所經行處也。遂偕曉雲法師同赴沙
田慈航淨苑設靈位。〔……〕慈航淨苑為一尼菴，
距火車站二里許，住在一小山之麓，吾昔日常游
之處也。菴中有祖堂，列列皆亡人木位，由菴尼
代為供奉，吾每過之而惻然，孰知吾母之靈堂，
今即設於其側也。〔……〕在菴中九日，中夜後即
不能成眠，雞未鳴即起，以與母靈位相守，漸聞
佛殿中鼓聲與磬聲，見諸女尼上殿禮佛，歸來相
遇，皆合掌為禮，並相問訊，雖一言半語，亦點
點滴滴在心頭也。[33]

謝廷光則言她是因為在慈航淨苑的經歷才明白傳
統中華文化強調祭祀的深意，曰：

逢七日毅兄安兒廷光必去慈航淨苑拜祭阿婆，
並請菴尼誦經。如毅兄有空時，我們隔一日或二

33　唐君毅，《人生隨筆》（台北：台灣學生書局，1989），頁 61-63。

> 日亦去淨苑阿婆靈前上香，每當跪拜時，廷光竟
> 有幽明相通之感，平日不解毅兄每逢節日忌日必
> 拜祭天地祖宗聖賢之意，如今廷光已領會其親切
> 之處，吾民族先賢提倡奉立天地祖宗聖賢神位，
> 主張祭祀叩拜，其義實在深遠，原來一念之誠，
> 若能相續，即可開啟繼志述事之重任，慧命由此
> 相續也。[34]

的確，透過繼志述事以通生死幽明，是唐君毅用
以陳述人類文化當能綿延不絕的關鍵。相關思想只有
曾親身經歷者才能真正明白，而發生在慈航淨苑的事
情正是唐君毅的一次親身經歷。據筆者所知，新亞研
究所的師生至今仍會到慈航淨苑進行拜祭，藉以延續
唐君毅這種慎終追遠的精神。

農圃道樓梯

當然，唐君毅在港讓人留下最深刻印象的，相信
還是他在土瓜灣農圃道新亞書院和新亞研究所的歲

---

34 參考唐君毅，《日記（下）》，頁 16。

月，因為該地正是他最後堅持其文化理想的地方。在提及農圃道的新亞校園時，吾人容易想起圓亭這一地標，惟與唐君毅有關的相信更是通往新亞研究所的樓梯。蓋新亞研究所位於現新亞中學四樓，[35]沿途須登上數層樓梯才能到達。事實上，唐君毅自證實患上癌症後仍一直在研究所教學；他晚年以有病之軀走上樓梯授課的艱辛情況遂成為他在研究所的最後身影。謝廷光便有言：

> 〔一九七七年〕九月五日研究所又開學上課了，不知你自己感受如何，我實在覺得你的身體健康情況在走下坡。你仍堅持每週上課三次，我問你上課時感覺怎樣，你說講課時肺氣脹還可以忍受，就是走動時，氣喘辛苦，實在不好受。毅兄：如今我每思念你時，恍惚就看見你顛顛簸簸，氣喘吁吁地在那裡爬上四樓的研究所，我似乎還聽見你不斷的咳嗽聲、氣喘聲，和你預支精

35　若以地下為一樓計，則研究所便位於新亞中學五樓。因此，以後所引文字或言研究所設於四樓或設於五樓，惟所指實同一地方。

神講課的聲音，你為什麼要這樣虐待自己。[36]

徐復觀則言：

到了去年〔一九七七年〕下季，大概他實在再爬不上五層樓了，便改在二樓圖書館裡上課。除了中間進一次法國醫院外，他就不願缺一次席。為了傳播學術種子，他真是鞠躬盡瘁，死而後已。[37]

兩位其時曾修讀唐君毅最後課堂的學生亦分別有言：

自唐師獲悉身患惡疾之後，態度仍如平常一樣，並無恐懼之感，日用行事之間，始終從容不

---

36 謝廷光，〈憶先夫唐君毅先生〉，收入《紀念集》，頁 568-615，引文見頁 598。

37 徐復觀，〈悼唐君毅先生〉，收入《紀念集》，頁 17-21，引文見頁 18。

迫，辦公、上課亦如常進行。唐師任所長外，尚擔任兩門課，一是中國哲學問題研究，一是中國經子導讀，每周上課二次，每次兩小時，因此每周至少要來所三次至四次，有時夜間亦來所（所內夜間有課）。研究所設在五樓，無電梯設備，唐師每次來所均由師母陪同沿梯而上，數月以前尚可一口氣直上五樓，以後只能逐樓小息後再繼續上，近月來，唐師因為氣喘的關係，每次上五樓都是用迂迴方式，即先上第一樓再沿走廊橫走數十步，再上另一層樓，據說這樣可以省卻一點氣力。唐師每次上課，常常連續兩小時不停，中途亦不休息，然雖下課鐘響了，他仍然滔滔不絕講個不停，落堂後，唐師的襯衫、汗衫全完為汗水濕透。凡有問難、質疑，不管是所內同學或所外人士，唐師都是循循善誘，反覆解說，詳加印證，務必使其領悟而後止。[38]

38　趙潛，〈哲人風範永留人間——敬悼君毅師〉，收入《紀念集》，頁 376-381，引文見頁 380。

我永遠也不會忘記，唐師在寒冬的早上，扶着拐杖，帶着重病的身軀爬上二樓，在圖書館內為我們上禮記的情形。「鄉飲酒義」是唐師給我們上最後的一課，雖然唐師濃重喘氣，不時咳嗽，但仍掩不住講書的熱情，與及雙目流動的神采，唐師把自己的心力完全用盡了。[39]

可見沿途通往新亞研究所的樓梯遂成為唐君毅在港予同僑和學生留下最後印象的一個畫面。的確，香港不少地方均曾有過唐君毅的足跡。例如唐君毅記他在港多年共遷居十二次，首住大埔八角亭，後遷至沙田白田村華僑工商學院宿舍，再遷九龍桂林街新亞書院，之後的居所包括嘉林邊道、樂道、延文禮士道、靠背壟道、漆咸道、施他佛道、加多利山道、亞皆老街，最後的住處則是他用退休金購買的九龍塘和域道五號和域台 D 座二樓十六號。[40]此外，他常到位於尖

---

39 岑詠芳，〈敬悼唐君毅師〉，收入《紀念集》，頁 565-567，引文見頁 566-567。

40 參考唐君毅，《日記（下）》，頁 365。

沙咀的樂宮樓（現美麗華酒店位置）飲茶、食飯，並和朋友聚會。[41]循現有資料，唐君毅在逝世前兩天還特意交待新亞研究所在樂宮樓設新年聚餐的事宜；[42]其身體情況雖已不能進食，但在逝世前一晚仍到樂宮樓與朋友相見。[43]至於唐君毅於 1978 年 2 月 2 日在浸會醫院逝世，[44]亦當

前往新亞研究所的長樓梯。
（作者攝）

41　唐君毅的日記即紀錄他多次到樂宮樓進食的日子，詳見唐君毅《日記》，茲不贅引。

42　趙潛，〈哲人風範永留人間──敬悼君毅師〉，收入《紀念集》，頁 376-381，尤頁 376-377。

43　徐復觀，〈悼唐君毅先生〉，收入《紀念集》，頁 17-21，尤頁 17。

44　唐端正編撰，〈年譜〉，收入唐君毅全集編委會編，《年譜・著述年表・先人著述》（台北：台灣學生書局，1990），頁 235。

值得我們記錄下來。凡此，均是唐君毅在港足跡的一
些例子。

香港的影響

　　蓋吳俊升曾言唐君毅使香港由「文化沙漠」轉變
成文化中心。[45]的確，唐君毅大大豐富了香港的文化
意涵。惟值得注意的，是香港亦加深了唐君毅對各種
問題的理解。誠如唐君毅言，他自幼便因人們總是熙
熙攘攘而討厭過年或過節。但到港後見港人在清明時
必羣至郊外掃墓，乃覺此實人類「肫肫懇懇之至
情」，認為香港過節的風習比南京和上海等地尤有過
之，遂改變了他對傳統節日的看法，並開始每年拜祭
祖先和拜會長輩，明言「此處我亦是受了香港人所保
存之風習的教育」。[46]我們若明白祭祀在唐君毅的思
想中正是用以繼志述事和貫通生死幽明的方法，藉以
讓吾人不致僅把目光投放在現實，而是更把胸襟投注

45　吳俊升，〈唐君毅教授與香港告別了〉，收入《紀念集》，頁 51-
　　55。

46　唐君毅，《中華人文與當今世界（下）》（台北：台灣學生書局，
　　1988），頁 199。

於過去和未來，藉以成就一套繼往開來、綿延不絕的
人類文化，則當知香港對他往後思想的發展是如何重
要。[47]事實上，唐君毅自言他來港前雖已在大學教
書，其對客觀的知識亦有不少掌握，惟生活圈子畢竟
狹小，故並未真正涉世及入世。因此，他對各種文化
議題實認識甚淺。[48]直至到了香港，由於此地的環境
複雜，遂使他對人生多了體驗，[49]並促使他能更客觀
地思考各種如民主、自由、和平、悠久、科學、社會
和宗教等種種文化問題。[50]由於唐君毅致力透過教育
改變他人和改善社會，故文化議題在其整體思想中扮
演重要角色。香港既對他在認識和思考相關議題上有
着正面作用，則香港對唐君毅、當代新儒學，乃至整

47　有關唐君毅對貫通幽明之際的想法，參考唐君毅，《人生之體驗
　　續編》（台北：台灣學生書局，1996），頁 97-111。值得注意者，
　　是有關章節完成於 1958 年，亦即唐君毅來港後的十年。若是，
　　言香港的經歷促使他達致相關想法或非無據。

48　唐君毅，《道德自我之建立》（台北：台灣學生書局，2002），〈自
　　序〉頁 4。

49　唐君毅，〈致程兆熊〉（1958 年 7 月 3 日），收入《書簡》（台北：
　　台灣學生書局，1990），頁 192。

50　唐君毅，《道德自我之建立》，〈自序〉頁 5。

體當代中國哲學的發展究竟擔當一怎樣的角色，便是一值得我們探究的課題，有待來者作進一步的思考。

　　唐君毅先生於一次在美國舉行的學術會議中，得知國際上不少人均認為香港很美，其都想到香港參觀。唐先生即承認此點，並言只是吾人總「賤近貴遠，厭舊喜新」，以致常常忽視身處地方的美好而已。[51]英國哲學家大衛‧休姆（David Hume，1711-1776）因為建議時愛丁堡市政府開闢公園予遊人享樂並改善體魄，而獲當地政府把該公園的一段行山路線命名「Hume Walk」；日本哲學家西田幾多郎（1870-1945）則因為曾在京都大學教書，致當地把他經常散步沉思的一段路命名為「哲學之道」，兩者均成當地重要的文化地標。香港對文化的重視程度雖與愛丁堡和京都有一段頗大距離，以致暫未能以類似方式紀念唐先生的在港足跡；但千里之行，始於足下，最少我們現在可以把這些足跡紀錄下來，不致忘記香港實有豐富的文化資源值得珍惜和可供發揮。如此，則香港的美態相信會更具層次，其對吾人亦當更為吸引。

51　唐君毅，《致廷光書》，頁 443-444。

第三章 —————————

留給香港的
遺產

　　這麼多的書，他〔唐君毅〕那來這麼多的時間看
呢？我可以說，每一本書都是經他手摸過、經他看過
的〔……〕

——謝廷光[1]

　　如果唐君毅強調的新亞精神及他的在港足跡是其
留予香港的無形文化遺產，那麼他的藏書便是他留給
香港的有形文化寶藏。的確，在唐君毅逝世後三年，
謝廷光便召集唐君毅的數位學生組成編輯委員會，以
整理前者的遺稿和重新編輯其已出版的著作。在有限
的人手和資源下，歷經十年的艱辛工作，編輯委員會
終在 1991 年完成共三十卷的《唐君毅全集》，並於
台灣的學生書局出版。[2]由此，唐君毅的思想才得以

1　參考廖寶泉、徐珍妮，〈家居生活中的唐君毅先生——訪問唐夫
　　人謝方回女士〉，收入唐君毅全集編輯委員會編，《紀念集》（台
　　北：台灣學生書局，1991），頁 616-627，引文見頁 621。
2　《唐君毅全集》於 1991 年在台灣學生書局初版，並於 2014 年再
　　版。全集的簡體字版本則由北京的九州出版社於 2016 年出版，
　　共三十九冊。

更為廣傳，香港在文化傳承上的角色乃能更為明顯。[3]事實上，謝廷光把全部時間和心力均放在保存和弘揚唐君毅的思想之中，不但《唐君毅全集》的編輯由她統籌，全集中各部書的名字亦由她題字。因此，有論者乃言「自此謝方回的書法與唐君毅的哲學結合，朝夕一起。故喜愛唐先生的哲學的人便可擁有唐夫人的書法」，[4]足見唐君毅的成就與謝廷光的貢獻實密不可分。《唐君毅全集》誠然在華文哲學界中享有極高的地位，惟較少人留意者卻是唐君毅藏書的去向。

作為當代中國最重要的思想家之一，唐君毅的著作固然甚豐；而要完成不同的著作，首先須要閱讀大量的書籍。因此，我們可從唐君毅的日記中發現他不停閱讀的紀錄。[5]在編輯《唐君毅全集》的時候，謝

3　有關編輯全集的經過，詳見霍韜晦，〈編後記〉，收入《紀念集》，頁 697-704。

4　譚志基，〈謝方回老師的書法世界〉，收入劉國強、譚志基、梁琰倫編，《懿範千秋：唐君毅夫人謝廷光女史遺稿暨紀念集》（香港：中文大學新亞書院，2002），頁 207-209。

5　例子遍見唐君毅，《日記》（全兩冊，台北：台灣學生書局，

廷光即決意建立唐君毅紀念館，用以保存和展覽乃夫的藏書。[6]至 1987 年，謝廷光把唐君毅的藏書捐贈予新亞研究所圖書館，自此「唐君毅先生紀念室」即設於研究所的圖書館內。在這批書籍之中，不但藏有唐君毅的個人簽名、篆刻樣式和閱讀眉批，更有不少著名學者的贈書，其不但深具歷史價值，其更對我們了解唐君毅的生平和思想發揮補足的作用。本章即以其能幫助我們認識唐君毅為原則，把該批藏書中較具特色者稍作介紹，藉以使讀者能更加清楚這批遺產的價值。

一、印章及簽名

在唐君毅的藏書中，部分有他的篆刻印章，當中少數更有他的簽名。這些印章的款色和大小不一，簽名亦有中、英文兩款。藏書中發現的款式如下：

1991），茲不贅引。

6　譚志基，〈謝方回老師的書法世界〉。

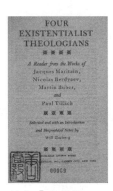

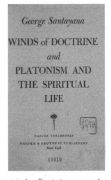

刻有「弘之」和
「唐君毅印」的中
型印章。

刻有「唐君毅」三
字的大型印章。

刻有「君毅」二字
的小型印章。

個別藏書有唐君毅
的英文簽名。

於書籍封面的毛筆簽
名，非常罕見。

二、眉批

　　相對於印章和簽名，唐君毅藏書中出現的眉批對
於我們了解他的思想當更有幫助。的確，這批藏書中
不少均有劃線，若這些線全為唐君毅所劃，則他的閱
讀廣度無疑甚大；更重要的，是唐君毅在閱讀時留下
不少筆記和眉批，此尤能反映他的閱讀深度同樣驚
人。以下圖片僅為一些例子。

對大衛‧休姆著 *An Enquiry concerning the Principles of Morals* 一書所作的眉批。

對 Edwin A. Burtt 著 *Types of Religious Philosophy* 一書所作的眉批。

對趙蘭坪著《貨幣學》一書所作的眉批。

　　在眾多眉批之中，有兩種尤值得學界注意。第一，是唐君毅對牟宗三的鉅著《心體與性體》中部分觀點實有懷疑；第二，是他對佛教華嚴宗的義理曾作仔細的思考。事實上，唐君毅和牟宗三兩位先生有着深厚的情誼，藏書中即不乏牟宗三贈予唐君毅的著作，而唐君毅對牟宗三的著作無疑非常重視，以致對後者常作詳細的眉批。

唐君毅與牟宗三是畢生好友。牟宗三的著作多有簽名本送贈唐君毅；唐君毅則對牟宗三不少著作均作詳細閱讀。以上相片分別是牟宗三送贈唐君毅的《理則學》和《道德的理想主義》簽名本，以及唐君毅對牟宗三所著《歷史哲學》所作的眉批。

　　而在牟宗三眾多著作中，唐君毅對《心體與性體》尤有質疑。的確，唐君毅在其日記中兩度證實以上觀點。例如他在 1969 年 6 月 21 日寫下「上午閱宗三心體與性體書完，此書為一大創作，有極精新處，但其論宋明儒學與我意尚多有所出入耳」；在 1972 年 10 月 20 日則寫道「上午中大典禮，閱宗三心體性體書，其書乃一家言，與宋明儒者之本旨或不相應。」[7] 在現存有關《心體與性體》的筆記和眉批中，唐君毅便留下不少「？」，一如以下例子所示：

唐君毅對牟宗三的《心體與性體》似頗多質疑，在書中不同地方均見「？」的出現。

7　以上引文，分別見唐君毅，《日記（下）》，頁 195 和 295。

　　雖然學界多視唐君毅和牟宗三兩位先生是當代新儒家的代表人物，惟吾人若細心閱讀兩位先生的著作，當可發現他們在立論基礎、哲學方法、所達理境和各家評判等多方面均有着極大的差異。唐君毅對《心體與性體》的質疑並非孤例，因他對牟宗三另一討論佛教的著作《佛性與般若》亦表達了類似態度：

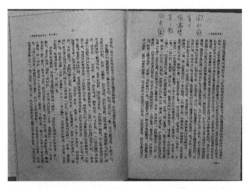

唐君毅對牟宗三的《佛性與般若》同樣有所
保留，當中包括對牟宗三有關佛教「圓教」
概念的認識等。

　　鑒於唐、牟兩位先生在思想上的分別實頗為巨大，我們若逕把兩位視作同一學派，則或容易有抹煞他們的分別和簡化兩人思想的風險，這一點實不可不

察。事實上，唐君毅的哲學形態與中國佛教的華嚴宗
可謂極為相似。從藏書之中，我們亦可發現唐君毅對
華嚴宗的義理甚為重視，如他對近代中國華嚴宗代表
人物靄亭法師（1892-1947）所作的《華嚴一乘教義
章集解》便作了大量眉批：

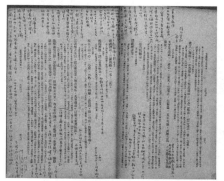

唐君毅極欣賞佛教華嚴宗思想，在藏書中即有就《華嚴一乘教
義章集解》所作的眉批，足見其對華嚴思想用力之深。

　　相對於其他思想，唐君毅對華嚴宗思想所作的眉
批實更為密集。由此，亦幫助證明唐君毅的思想當有
為佛教影響的一面，一如第二章所論。以上發現，不
但加深了我們對唐君毅思想的認識，亦促使我們對當
代新儒學的內涵，以及佛教在其中所扮演角色的反

思。凡此，均對於吾人重新認識當代中國哲學有着重
要意義。

三、家庭

在唐君毅眾多的藏書中，有一本對他當尤具價
值，此即是由乃父唐迪風（又名唐鐵風，1886-
1931）所寫的《孟子大義》。蓋唐迪風是四川宜賓儒
士，在當地頗有盛名。他雖曾撰有不少著作，但多已
散迭，現僅有《孟子大義》一書及詩文數篇傳世，收
錄於《唐君毅全集》卷廿九《年譜‧著述年表‧先人
著述》一書中。[8] 藏書中所見版本該是原擬以單行本
的形式出版，當中可見唐君毅對該書的排版和內容作
出多次修訂建議，足見他對父親的遺作非常重視。

---

8 有關唐迪風的生平，見唐君毅，〈孟子大義重刊記及先父行述〉，
   收入唐君毅全集編委會編，《年譜‧著述年表‧先人著述》（台
   北：台灣學生書局，1990），〈先人著述〉部分，頁 15；有關他
   的著作，參考彭雲生，〈孟子大義跋〉，見同書同部分，頁 93。

唐君毅對乃父唐迪風所著的《孟子大義》曾進行多次校對，每次均寫上應該增訂的地方。

　　此外，在其中一本藏書中，發現「母親…母親…憶母　父親…父親…父親」等字，其想是唐君毅在閱讀時突然想起父母而寫下。以上均見唐君毅對父母思念之情是何其深切。

在趙蘭坪所著《貨幣學》一書的最後一頁，寫有「母親…母親…憶母父親…父親…父親」等字。

　　另外，藏書中亦有謝廷光送給女兒唐安仁一本關於學習繪畫的書籍。事實上，謝廷光晚年以古琴和書法見稱，惟她自言其所以習書法和學畫皆是受丈夫的鼓勵。的確，唐君毅的藏書即有不少藝術類的書籍，當中部分相信是他為太太採購。[9]謝廷光送給女兒一本關於繪畫的書籍，正好反映夫婦兩人對藝術的重視。

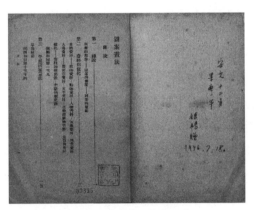

謝廷光送贈唐安仁的《圖案畫法》。.

9　參考謝廷光，〈卷前語〉，收入法住文化學院編，《毅光集》（香港：三餘齋，1988），頁 3-4。

四、他人贈書

　　除了自己感興趣的書籍外，唐君毅的藏書中更有不少時人所贈的書籍。我們從這些贈書中，當可窺見唐君毅的人際網絡實非常國際化，隱然確立他是世界性思想家的地位；至於這些書籍的贈者不少也和唐君毅的在港事業有着關係。茲即把當中扮演較重要角色或較具特色者稍作介紹。

趙冰

　　誠如第一章所述，趙冰跟錢穆、唐君毅一起於1949 年 6 月 7 日由廣州乘船逃至香港。查趙冰在香港出生，曾留學美國芝加哥大學、哈佛大學和英國牛津大學，分別得到政治學學士、法學碩士和法學博士的學位。留學後在廈門和中山等地任職司法官員，到香港後則成為大律師。自新亞書院創辦，即義務擔任學校的法律顧問，當中一事尤涉及新亞書院的命運。蓋在 1952 年香港政府規定所有非公立學校須辦理商業登記，新亞書院同人認為登記即承認學校是牟利機

構甚至學店，其對新亞書院及各位參與書院的先生而言可謂侮辱，遂堅拒辦理登記。錢穆即言寧可把新亞書院結束，亦不能在商業登記一事上妥協。時趙冰雖在病中，卻肩負起整理文件、到高等法院登記，以及說服港府等事項。經過一年的工作，終使新亞書院在是次於商業登記之中獲得豁免。我們當可言，趙冰的努力讓當時的社會人士對新亞書院另眼相看，新亞書院亦得以有尊嚴地運作下去。換言之，趙冰絕對是新亞書院得以持續的一大功臣。[10]唐君毅的藏書之中，即有由趙冰親筆簽名的《念字箴言》。

10　以上有關趙冰的事蹟，參考張丕介，〈新亞書院誕生前後〉，收入劉國強編，《新亞教育》（香港：新亞研究所，1981），頁 43-54；張丕介，〈紀念故友趙冰先生〉，收入張學明等編，《誠明古道照顏色：新亞書院 55 周年紀念文集》（香港：香港中文大學新亞書院，2006），頁 135-140。

趙冰著《念字箴言》，
封面寫有「君毅老弟惠
存趙冰敬贈」。

趙冰。（載自劉國強編，
《新亞教育》，頁 11）

吳俊升

　　在唐君毅的最後歲月中，捍衛新亞書院的教育理
念是最重要的一個任務；而在這一任務中，吳俊升則
是唐君毅最重要的伙伴。吳俊升生於江蘇，於法國巴
黎大學取得教育哲學博士學位，曾任北京大學教育系
教授和中華民國教育部次長等職。新亞書院創辦時，
參與撰寫〈新亞學規〉，並於 1965 年接替錢穆出任

新亞書院校長和新亞研究所所長。[11]據謝廷光所述，吳俊升人生經驗豐富，唐君毅在新亞書院各同事中與他最談得來，遇事亦多向他請教，並言一旦吳俊升離開新亞，唐君毅便更為孤單。[12]在唐君毅的藏書中，固然有吳俊升的贈書；而在新亞研究所圖書館的唐君毅先生紀念室內，則更藏有吳俊升在唐君毅逝世一年後所寫的一幅字詞，全文如下：

> 哭君猶昨日，一歲忽已經，公私兩塗炭，何以慰君靈？國步益艱險，世故滿酸辛；友邦寒盟誓，絕交若迅霆。變節嗟士類，為蟻集羶腥，翻覆作雲雨，謬論正盈庭。友道亦凌夷，故交成尹邢，黠者事播弄，是非滿視聽。逝世亦何幸，有知應不寧，惟君為醇儒，皭然垂典型。黌堂繼君志，絃誦響未停，友生同營奠，俎豆溢芬馨。[13]

11　以上資料，參考張學明等編，《誠明古道照顏色：新亞書院 55 周年紀念文集》，頁 145-146。

12　謝廷光，〈憶先夫唐君毅先生〉，收入《紀念集》，頁 568-615，尤見頁 596。

13　該幅字詞的內容亦刊登於《書目季刊》第 14 卷，第 4 期（3 / 1981）：37。

　　再次指出唐君毅是在對人事極為失望的情況下逝世，並慨嘆他們秉持的道理未能伸張。這幅字詞不但是吳俊升的真跡，更描述了唐君毅晚年的處境，可謂極為珍貴。

吳俊升著《教育哲學大綱》及題字。

徐復觀、唐君毅與吳俊升。（新亞研究所提供）

吳俊升著《江皋集》及題字。

收藏於新亞研究所圖
書館內，吳俊升悼念
唐君毅逝世一週年的
字詞。（林健枝攝）

王道

　　二次大戰後的香港因為擁
有當時華人社會難得的自由，
故吸引了不少有志之士來到此
地從事文化活動。除了錢穆、
唐君毅和張丕介等先生來港創
辦新亞書院外，文化人王道亦
來港創辦「人生出版社」，並
出版《人生》雜誌，讓社會各
界人士就香港、中國，乃至世

界的文化議題發表意見，藉以建立公事公非，從而為
衰落的世道尋找出路。王道的這一理想得到當時不少
在港學者的支持，甚至罕有地聯名推介《人生》雜
誌。當時聯名的學者便包括錢穆、唐君毅、張丕介、
趙冰、程兆熊、梁寒操、伍憲子、牟宗三、徐復觀和
張大千等多人。[14]誠如錢穆言，新亞書院和《人生》
雜誌同樣在艱困中奮鬥，故王道對新亞書院師生尤感
親切。事實上，五、六十年代的新亞師生不但屢在
《人生》雜誌發表文章，錢、唐、張等新亞書院的創
辦人甚至參與人生出版社的社務，他們在港的早期著
作亦多由該出版社印行。唐君毅便回憶，《人生》雜
誌第一期的第一篇文章即刊登由他所撰寫的文章，可
見王道對於新亞師生的思想得以在港流通當起着一定
程度的正面作用，惜人生出版社和《人生》雜誌在王
道身後便無以為繼而被迫結束。[15]唐君毅的藏書中即

14　詳見〈介紹人生雜誌〉，收入錢穆，《湖上閒思錄》（香港：人生
　　出版社，1960），全書最後一頁。

15　此段所述，參考王道，《人生之嚮往選集》（香港：人生出版社，
　　1973），〈序一〉；唐君毅，《中華人文與當今世界補編（下）》（台

有王道的贈書，上款寫有「君毅吾師」，可見他對唐
君毅的尊重；所藏《人生》雜誌更收錄錢、唐、張、
王等人生出版社社務委員的合照，甚具歷史意義。

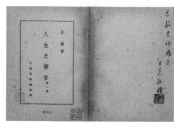

王道贈予唐君毅的《人生之嚮
往》

人生社務委員合照，後排左一起為
王道、張丕介、唐君毅。前排左一
起為蔡貞人、錢穆、梁寒操、陳毅
公。（載自《人生》第 7 卷第 1 期，
1954 年 1 月）

　　值得一提的，是唐君毅曾於 1962 年在香港成立
「東方人文學會」，冀能發揚東方文化中的人文主義
思想。學會的會長由唐君毅出任，首次聚會則在牟宗
三其時位於靠背壟道的住所。惜這一學會活動不多，
除了出版如《儒學在世界論文集》等少數書籍外，現

北：台灣學生書局，2014），頁 647-650。

存有關學會的資料非常有限，吾人甚至不知其於何時
解散。幸首次聚會的會議紀錄有摘要留下，我們乃知
當年參與其事者除唐君毅和牟宗三兩位外，亦有王道
等人。誠如唐君毅言：「只有具深度的與廣度的人文
思想，可以使人類自救。此人文思想要人時時自覺其
是人，人不當把人當物。並尊重人類文化之全面，而
不只以經濟眼光看一切，亦不以政治控制全面文化。
這是我與王〔道〕先生最相同的地方。」[16] 若是，則
王道無疑是唐君毅其中一位重要的學友。

---

16 唐君毅，《中華人文與當今世界補編（下）》，頁 586。

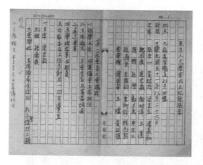
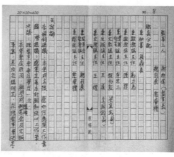
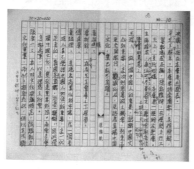

東方人文學會成立紀錄摘要。
（圖片由張燦輝提供）

韓裕文

　　在學界中，唐君毅和牟宗三兩位廣被視作當代新儒家的代表人物，兩位亦同被視為是熊十力（1885-1968）的弟子。[17]惟唐君毅明言他在遇見熊十力前已

17　例子見郭齊勇，〈唐君毅與熊十力〉，收入霍韜晦編，《唐君毅思想國際會議論文集（III）：哲學與文化》（香港：法住出版社，1990），頁 128-141；Jana S. Rošker, *The Rebirth of the Moral Self:*

建立了自己的一套思想，在熊十力身上只是得到引證
而已。因此，唐君毅當面拒絕熊十力要他成其私人弟
子的請求，揚言要學習其他不同的學問。[18]換言之，
熊十力和唐君毅的師弟關係實非學界設想的確切，而
熊十力亦言唐、牟兩人已有自己的一套，故不能傳承
他的學問，從而把傳承自己學問的希望寄託在韓裕文
身上。[19]查有關韓裕文的資料不多，只知他在北京大
學修讀哲學，在抗戰時期照顧熊十力的起居飲食，抗
戰勝利後即赴美國，至 1955 年在美因癌症逝世。誠
如徐復觀言，有關韓裕文的一切吾人所知實在太少，
期望有朝一日能集合不同人的記憶把韓裕文的形象再
次重現人間。[20]

The Second Generation of Modern Confucians and their Modernization Discourses: Hong Kong: The Chinese University Press, 2016），p. 92.

18 唐君毅，《生命存在與心靈境界（下冊）》（台北：台灣學生書局，1986），頁 480。

19 以上所述，詳見熊十力《十力語要》（北京：中華書局，1996），頁 320-321。

20 徐復觀，〈沉痛的追念〉，收入黎漢基、李明輝編，《徐復觀雜文

　　事實上，唐君毅與韓裕文份屬友好。[21]韓裕文赴美後，唐君毅曾托他為新亞書院購買英文書籍。從唐君毅的藏書之中，部分即有韓裕文寫給唐君毅的感言，如囑咐後者可多認識美國哲學等。惜韓裕文似未有留下特別重要的著作即病逝，故唐君毅在到訪美國時特意到韓裕文的墳前拜祭，並從韓裕文的女友嚴綺雲中得知，前者決定把個人的書籍贈予新亞書院，並把唐君毅由港寄給他的金錢退回。[22]因此，唐君毅的英文藏書中少數即有韓裕文的簽名，相信即是他贈予新亞書院的書籍。唐君毅曾言將來新亞書院應在相關書籍上貼上韓裕文像以表紀念，[23]惟此事似未曾實現。茲僅把韓裕文其人其事稍作紀錄，藉以使讀者能對他有多一點的認識。

補編（第二冊）：思想文化卷（下）》（台北：中央研究院中國文哲研究所籌備處，2001），頁 117-123。

21　參考唐君毅，《書簡》（台北：台灣學生書局，1990），頁 337。

22　唐君毅，《書簡》，頁 337；唐君毅，《致廷光書》（台北：台灣學生書局，1990），頁 368。

23　唐君毅，《書簡》，頁 36；唐君毅，《致廷光書》，頁 368。

韓裕文中、英文簽名。

韓裕文給唐君毅的訊息，言很高興知道自己所寄有關
美國哲學的書籍對唐君毅有所幫助。

謝幼偉

　　誠如第一章所言，唐君毅、張君勱、牟宗三和徐復觀等先生於 1958 年曾於香港的《民主評論》和《再生》聯署刊出〈中國文化與世界〉宣言，其早已成為當代新儒學其中一個最重要的研究文獻。惟值得留意的，是這篇宣言本為了向西方學界講述諸位先生有關中國研究的看法，對象讀者實非華人。換言之，宣言雖由中文撰作，但諸位先生的原意卻是希望把中文版本先譯作英文發表。可是，宣言撰作後久未能找到符合要求的翻譯者，故才先用中文發表。現存宣言有三個英文譯本，一為由蘇黎世大學教授 R. P. Kramers 於 1958 年 5 月發表的節譯本；二是 1962 年刊於 *Chinese Culture: A Quarterly Review* 的全譯本，現收錄於《唐君毅全集》卷十九之中；三是由 Warner Fan 所譯，現收錄於張君勱於 1962 年出版的 *The Development of Neo-Confucian Thought* 一書中的節譯本。的確，宣言該找誰人翻譯曾困擾各先生，因負責翻譯者不但要有豐富的哲學知識及優良的語文水平，更要對諸位先生的立場有同情的了解。因此，唐君毅

曾建議將來宣言一旦譯出，當把譯者的名字與諸位先
生並列，以表對方的貢獻。無獨有偶，現存於《唐君
毅全集》的英譯本宣言即有五位作者，除了唐、張、
牟、徐四位先生外，則更有謝幼偉的名字。換言之，
謝幼偉或是把宣言全文譯出的功臣。

　　查謝幼偉是錢穆初來港時原擬共同辦學的其中一
人，但因前者離港而未有參與新亞書院的創辦，至五
十年代才回港任教。謝幼偉在美國哈佛大學取得碩士
學位，民國時期曾翻譯魯一士（Josiah Royce，1855-
1916）《忠之哲學》一書。宣言中文版刊出後曾向他
人推介，並對諸位先生的立場表示贊同。其哲學知
識、語文水平和文化立場當能應付宣言的翻譯。事實
上，唐君毅於 1966 年的中大哲學講座教授就職演講
中，即提及宣言是由他和謝、張、牟、徐共五人聯
署。在這一意義下，謝幼偉可說是還諸位先生心願，
並使宣言得以走向國際的一位重要人物。藏書即有他
贈予唐君毅的《中西哲學論文集》，從中可見他有關
中西哲學的造詣。[24]

---

24 有關謝幼偉的學習背景，參考 Charles A. Moore ed., *The Chinese*

謝幼偉贈予唐君毅的《中西哲學論文集》。

1961 年哈佛大學校長訪問新亞書院，謝幼偉（中）為其介紹新亞校況。（載自劉國強編，《新亞教育》，頁 26）

胡蘭成

　　胡蘭成是唐君毅在港相識的一位朋友，亦是後者的思想得以走向國際的一個重要助力。據唐君毅和胡

Mind: Essentials of Chinese Philosophy and Culture（Honolulu: University of Hawaii Press, 1968），pp. 374-375；有關其學術工作，則見 O. Brière S. J., *Fifty Years of Chinese Philosophy 1898-1950*（London: George Allen & Unwin Ltd.），pp. 38 & 73。至於他與宣言英譯本的關係，請參考拙文〈試析謝幼偉和〈中國文化與世界〉譯者的關係〉，《國文天地》第 32 卷，第 9 期（2 / 2017）：64-68。

蘭成的回憶，1950 年 9 月胡蘭成突然造訪桂林街新
亞書院，不但與唐君毅討論文化問題，更把自己的書
稿留下予唐君毅參閱。誠如胡蘭成所言，唐君毅的為
人比其文章更加出色；唐君毅則言胡蘭成見解甚高尤
如牟宗三。彼此惺惺相惜的程度，竟致他們在兩星期
內見面五次，直至胡蘭成離港赴日，兩人才改以書信
往來。[25]事實上，唐君毅在港、台力薦胡蘭成的《山
河歲月》一書，使此書得以在兩地文化圈流傳；[26]胡
蘭成則把唐君毅的文章和著作介紹給日本學界，並促
成唐君毅的著作被譯成日文。[27]由此，唐君毅亦開始
為國際認識。在唐君毅的藏書中，不少即為當時日本
著名學者的贈書；而胡蘭成亦把著作送贈唐君毅，並
托後者把日文書籍送贈新亞書院。的確，不少日本學
者均曾到新亞交流，部分新亞同學則到日本留學。可

25　以上所述，詳見薛仁明編，《天下事，猶未晚：胡蘭成致唐君毅
　　書八十七封》（台北：爾雅，2011），頁 19-20、145-146。
26　參考薛仁明編，《天下事，猶未晚：胡蘭成致唐君毅書八十七
　　封》，頁 19-20、145-146。
27　薛仁明編，《天下事，猶未晚：胡蘭成致唐君毅書八十七封》，
　　頁 56-58、63-67。

見唐、胡的這一段交情，對唐君毅思想的傳播和新亞
書院日後的發展均有着積極的意義。

胡蘭成贈予唐君毅的《自然學》。

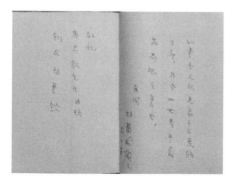

胡蘭成把日本學界的重要著作推薦給唐君毅，並托後者把相關
書籍贈予新亞圖書館。

唐君毅所著文章的日文版本，載在 1959 年 6 月
的《亞細亞》期刊。（圖片由張燦輝提供）

其他

　　事實上，唐君毅的藏書中不少即為當時的學者所
贈。除了前文的例子，尚包括如徐復觀、程兆熊、潘
重規、全漢昇、羅香林、蘇文擢、蔣彝、勞思光、橫
超慧日、阿部正雄、島田虔次、梁大淵和 John W.
Clifford 等。本章僅提供部分圖片，至於不同學者和
唐君毅的關係究竟如何，以及各段情誼對香港有着什
麼意義等問題，便留待讀者繼續探索。

思想史家徐復觀的《學
術與政治之間》。

中國農業學者程兆熊的
《論中國之花卉》。

紅樓夢專家潘重規的
《亭林詩考索》。

經濟史家全漢昇的 *Mid-
Ch'ing Rice Markets and
Trade: An Essay in Price
History*。

民俗學家羅香林的《香 文學家蘇文擢於著作中
港與中西文化之交流》。 題字。

翻譯家蔣彝的 *A Chinese Childhood*。

哲學家勞思光的《康德知
識論要義》。

經濟學者張丕介的《論經
濟自由》。

道家學者嚴靈峯在著作
中題字。

藝術家周士心在著作中
題字。

宗教學者秦家懿譯作
Pensées。

哲學學者程石泉在著作
中題字。

竺摩法師的《竺摩法師
書畫集》。

劉述先的《語意學與真理》。作者在題字中尊稱唐君毅為「君毅伯」，而自稱「侄」。

歷史學者簡又文的《太平天國全史》。

佛教學者韋達的《成唯識論》英譯。

佛學名家橫超慧日及阿部正雄分別在著作中題字。

儒家學者島田虔次的
《朱子學與陽明學》。

漢學家清水茂的《唐宋八家文》。

Richard De Martino 在其與鈴木大拙和弗洛姆（Erich Fromm）合撰的名作 *Zen Buddhism & Psychoanalysis* 中題字。

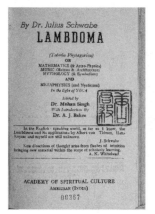

Mohan Singh 在其編的 *Lambdoma* 中，特別提及唐君毅是近世華人學者中對佛教空義的理解最為透徹者。

　　從以上可見，唐君毅先生的人脈實極廣，其國際
化的程度可謂不亞於現今任何學者；至於成就他能得
到如此廣闊人脈的條件，當然與香港長久以來的開放
環境有關。誠如周輔成（1911-2009）言，唐先生等
人為今後的中國學問當如何發展指出了一條出路：不
開放、不放眼世界，注定沒有前途，而這一進路正是
在香港這一孤燈下得出的。[28]如果唐先生的成就不能
離開香港，而香港的成功又有賴它的環境，則藉着對
唐先生的事蹟更作認識，我們應能反省為何香港有堅
持自身文化的必要，因這不但是香港之所以是香港的
原因，其亦是對中國文化和世界文明的發展較為有利
的一個做法。筆者相信，這一觀點當能夠為所有真正
喜愛香港、中國和世界的人士所認同。

28　參考李懷宇，〈周輔成：燃燈者言〉，收入《思想 31：民族主義
　　與歷史意識》（新北：聯經，2016），頁 341-351，尤見頁 348。

附錄：唐君毅年表 ————

年份	事件
1909	・出生於四川宜賓柏溪。半歲，隨父母到成都
1915	・聽父親唐廸風講故事，謂地球一日將毀滅，僅餘一人和一犬作伴。初次感受到涉及道德的經驗，終生不忘
1919	・入讀成都省立第一師範附小
1921	・入讀重慶聯合中學，遇蒙文通等老師
1925	・受左傾思想影響，到北平就讀中俄大學，遍讀馬列著作
1926	・轉學北京大學哲學系預科，遇熊十力、湯用彤等老師
1927	・轉學於南京的中央大學哲學系，遇方東美、宗白華等老師
1931	・父逝世，突負起全家生活重擔，一改過去自負的性格

1932	・於中央大學哲學系畢業，翌年任同系助教
1937	・七七事變發生，回成都任教中學
1938	・與中央大學同學謝紹安往還，開始與其妹謝廷光通信
1940	・訪牟宗三，二人成好友 ・訪歐陽竟無，拒絕成其私人弟子 ・訪熊十力，同樣拒絕成其私人弟子 ・中央大學遷重慶，任講師
1941	・升副教授 ・與周輔成共同創辦《理想與文化》雜誌
1943	・與謝廷光結婚 ・出版第一本專著《中西哲學思想之比較研究論集》
1944	・升正教授，並任中央大學哲學系系主任 ・出版《人生之體驗》和《道德自我之建立》
1945	・過繼妹妹恂季的長女安仁為女兒
1946	・中央大學遷回南京，惟因人事糾紛，開始到其他院校授課

1949	・受廣州華僑大學校長王淑陶相約，4月7日赴廣州教學 ・6月7日，與錢穆乘船抵港，認識張丕介。謝廷光隨後亦抵港 ・10月10日，與錢穆、張丕介、崔書琴、謝幼偉、程兆熊等創辦亞洲文商夜學院，租九龍佐敦碼頭附近偉晴街華南中學內三間教室上課
1950	・2月28日，改組亞洲文商夜學院為新亞書院，於九龍深水埗桂林街六十一、六十三和六十五號租用三樓和四樓為校舍。錢穆為書院校長兼文史系主任、先生為教務長兼哲學教育系主任、張丕介為總務長兼經濟學系主任
1951	・母親陳卓仙和女兒唐安仁來港。同年，陳卓仙回廣州
1953	・新亞書院得美國在港亞洲協會幫助，成立新亞研究所
1956	・新亞書院遷入九龍土瓜灣農圃道 ・首次訪台

1957	・首次出國作考察訪問，遍遊日本、美國和歐洲各地 ・與張君勱溝通，有感西方人對東方文化不太了解，決定寫一篇向西方人士介紹中國文化精神的宣言
1958	・元旦，與張君勱、牟宗三、徐復觀聯名於香港的《民主評論》及《再生》發表〈中國文化與世界——我們對中國學術研究及中國文化與世界文化前途之共同認識〉宣言
1959	・新亞書院接受香港政府建議，與崇基學院、聯合書院同時接受港府補助，使能成為未來中文大學的成員 ・訪夏威夷參加第三次東西哲學家會議 (East-West Philosophers Conference)
1961	・於《祖國》發表〈中華民族之花果飄零〉
1962	・成立東方人文學會，圖與各地志同道合者建立一精神上的師友關係

1963	・港府根據富爾敦委員會報告書，決定成立香港中文大學 (下簡稱中大)，新亞、崇基和聯合同時加入為中大的基本學院 ・受聘為中大哲學系講座教授兼哲學系系務會主席，並被選為中大第一任文學院院長
1966	・左眼視網膜脫落，赴美國及日本求醫
1969	・任新亞研究所所長
1970	・港府擬將中大的聯邦制改為單一制，先生反對
1973	・新亞書院遷入沙田，農圃道校址用作創辦新亞中學之用
1974	・新亞研究所脫離中大編制。先生亦從中大退休，專心辦理新亞研究所
1976	・確診肺癌。留院期間，校對《生命存在與心靈境界》書稿
1977	・與李祖法、錢穆、沈亦珍、吳俊升、徐季良、劉漢棟、任國榮、郭正達等辭任新亞書院董事 ・《生命存在與心靈境界》出版

1978	・1月9日，新亞研究所開課，授《禮記》 ・2月2日凌晨五時半，突然氣喘大作，一時接不上氣，瞑目不動。待救護車送至浸會醫院已返魂無術，享年七十
身後	
1978	・2月4日，在九龍世界殯儀館舉行大殮。3月13日，於台灣大葬
1987	・新亞研究所於圖書館設立「唐君毅先生紀念室」，以保存先生藏書
1991	・三十卷《唐君毅全集》在台灣學生書局出版
2000	・謝廷光在港逝世
2009	・唐君毅銅像在香港中文大學新亞書院揭幕

唐君毅與香港

2023年3月初版　　　　　　　　　　　　　　定價：新臺幣360元
2024年8月初版第二刷
有著作權・翻印必究
Printed in Taiwan.

著　　者	趙　敬　邦	
叢書主編	沙　淑　芬	
校　　對	蔡　竣　宇	
內文排版	菩　薩　蠻	
封面設計	廖　婉　茹	

出　版　者	聯經出版事業股份有限公司	副總編輯	陳　逸　華	
地　　　址	新北市汐止區大同路一段369號1樓	總　編　輯	涂　豐　恩	
叢書主編電話	(02)86925588轉5310	總　經　理	陳　芝　宇	
台北聯經書房	台北市新生南路三段94號	社　　長	羅　國　俊	
電　　　話	(02)23620308	發　行　人	林　載　爵	
郵政劃撥帳戶第0100559-3號				
郵撥電話	(02)23620308			
印　刷　者	世和印製企業有限公司			
總　經　銷	聯合發行股份有限公司			
發　行　所	新北市新店區寶橋路235巷6弄6號2樓			
電　　　話	(02)29178022			

行政院新聞局出版事業登記證局版臺業字第0130號

國家圖書館出版品預行編目資料

唐君毅與香港／趙敬邦著．初版．新北市．聯經．
2023年3月．192面．14.8×21公分
ISBN 978-957-08-6774-9（平裝）
[2024年8月初版第二刷]

1.CST：唐君毅 2.CST：傳記 3.CST：學術思想
4.CST：香港特別行政區

782.886 112000874